2025 | 소방간부·소방공무원·소방승진 및 소방관련 시험대비 |

김동준
합격노트

| 소방관계법규 |

소방학 박사가 집필한 책!!

CONTENTS

김동준
소방관계법규
합격노트

PART 01	소방기본법	6
PART 02	소방 시설 설치 및 관리에 관한 법률	26
PART 03	소방의 화재조사에 관한 법률	64
PART 04	화재의 예방 및 안전관리에 관한 법률	72
PART 05	소방시설공사업법	100
PART 06	위험물안전관리법	120
부록	소방관계법규 주요개념 두문자 암기법	150

한국학술진흥재단
연구총서

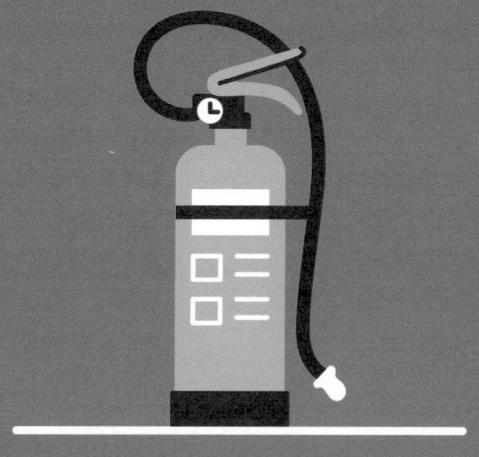

PART 01
소방기본법

PART 01 | 소방기본법

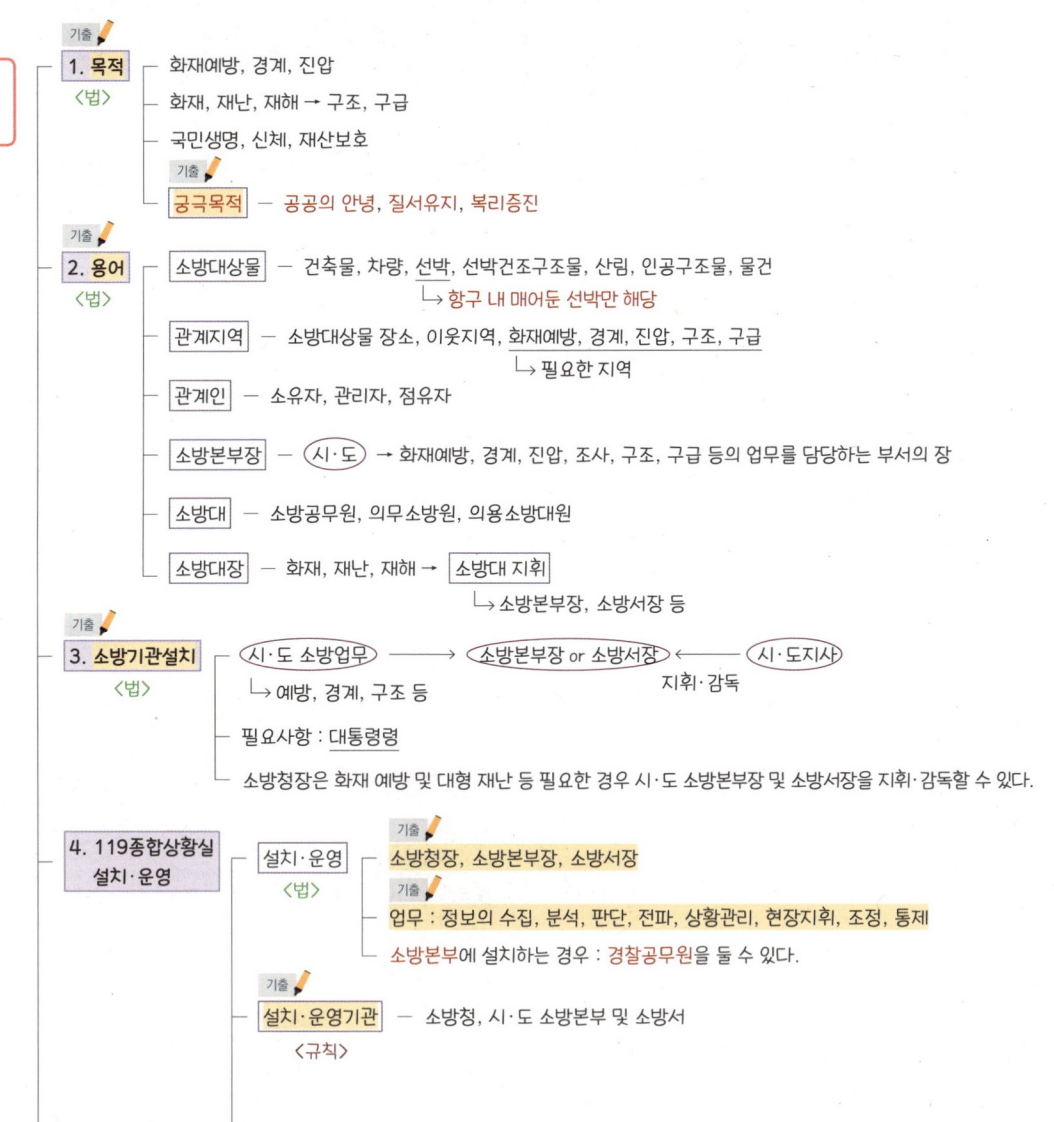

01 총칙

1. 목적 〈법〉
- 화재예방, 경계, 진압
- 화재, 재난, 재해 → 구조, 구급
- 국민생명, 신체, 재산보호
- 궁극목적 — 공공의 안녕, 질서유지, 복리증진

2. 용어 〈법〉
- 소방대상물 — 건축물, 차량, 선박, 선박건조구조물, 산림, 인공구조물, 물건
  ↳ 항구 내 매어둔 선박만 해당
- 관계지역 — 소방대상물 장소, 이웃지역, 화재예방, 경계, 진압, 구조, 구급
  ↳ 필요한 지역
- 관계인 — 소유자, 관리자, 점유자
- 소방본부장 — 시·도 → 화재예방, 경계, 진압, 조사, 구조, 구급 등의 업무를 담당하는 부서의 장
- 소방대 — 소방공무원, 의무소방원, 의용소방대원
- 소방대장 — 화재, 재난, 재해 → 소방대 지휘
  ↳ 소방본부장, 소방서장 등

3. 소방기관설치 〈법〉
- 시·도 소방업무 → 소방본부장 or 소방서장 ← 시·도지사
  ↳ 예방, 경계, 구조 등   지휘·감독
- 필요사항 : 대통령령
- 소방청장은 화재 예방 및 대형 재난 등 필요한 경우 시·도 소방본부장 및 소방서장을 지휘·감독할 수 있다.

4. 119종합상황실 설치·운영
- 설치·운영 〈법〉
  - 소방청장, 소방본부장, 소방서장
  - 업무 : 정보의 수집, 분석, 판단, 전파, 상황관리, 현장지휘, 조정, 통제
  - 소방본부에 설치하는 경우 : 경찰공무원을 둘 수 있다.
- 설치·운영기관 〈규칙〉 — 소방청, 시·도 소방본부 및 소방서

★ 국가와 지방자치단체의 책무

국가와 지방자치단체는 화재, 재난·재해, 그 밖의 위급한 상황으로부터 국민의 생명·신체 및 재산을 보호하기 위하여 필요한 시책을 수립·시행하여야 한다.

〈소방기관 설치〉
- 시·도에서 소방업무를 수행하기 위하여 시·도지사 직속으로 소방본부를 둔다.
- 시·도의 소방업무를 수행하는 소방기관의 설치에 필요한 사항은 대통령령으로 정한다.
- 소방업무를 수행하는 소방본부장 또는 소방서장은 그 소재지를 관할하는 시·도지사의 지휘와 감독을 받는다.
- 소방청장은 화재 예방 및 대형 재난 등 필요한 경우 시·도 소방본부장 및 소방서장을 지휘·감독할 수 있다.

- 배치 〈규칙〉
  - 배치자 : 소방청장, 소방본부장 or 소방서장
  - 배치
    - 전산·통신요원(소방력 기준규칙)
    - 유·무선 통신시설(소방청장)
  - 24시간 운영체계

- 실장업무 〈규칙〉
  - 재난상황 신고접수
    - → 화재, 재난, 재해, 구조, 구급이 필요한 상황
  - 접수된 재난상황 검토 ──→ 소방서
    - 인력, 장비 동원요청 (사고수습)
  - 하급소방기관 출동지령 or 동급 이상 소방기관, 유관기관 지원요청
  - 재난상황 전파, 보고
  - 재난현장 지휘, 피해 현황 파악
  - 재난수습 정보수집, 제공

- 보고 〈규칙〉
  - 소방서 → 소방본부 → 소방청 종합상황실
  - 서면·팩스 또는 컴퓨터 통신

- 종합상황실 보고 사유 〈규칙〉 [기출]
  - 사망 5인↑ 또는 사상 10인↑, 이재민 100인↑, 재산 피해 50억↑ 화재
  - 관공서, 학교, 정부미도정공장, 문화재, 지하철 or 지하구 화재
  - 관광호텔, 11층↑, 지하상가, 시장, 백화점 화재
  - 위험물제조소·저장소·취급소(지정수량 3,000배↑) 화재
  - 숙박시설(5층↑ or 30실↑), 종합병원·요양소 등(5층↑ or 병상 30개↑) 화재
  - 공장 : 연 15,000㎡↑, 화재예방강화지구
  - 철도차량, 항구에 매어둔 선박, 항공기, 발전소 or 변전소 화재
    - ↳ 1,000t↑
  - 가스, 화약폭발화재
  - 다중이용업소 화재
  - 재난상황
    - 긴급구조통제단장 현장지휘
    - 언론보도
    - 소방청장이 정함

- 세부운영 〈규칙〉
  - 소방청장, 소방본부장 or 소방서장이 정함

5. 소방정보통신망 구축·운영
  - 구축·운영권자 : 소방청장 및 시·도지사 (할 수 있다.)
  - 구축·운영에 필요한 사항은 행정안전부령으로 정한다
  - 점검·관리 : 연 1회 이상 소방정보통신망을 주기적으로 (해야 있다.)
  - 규정한 사항 외에 소방정보통신망의 속도, 점검 주기 등에 관한 세부 사항은 소방청장이 정한다.

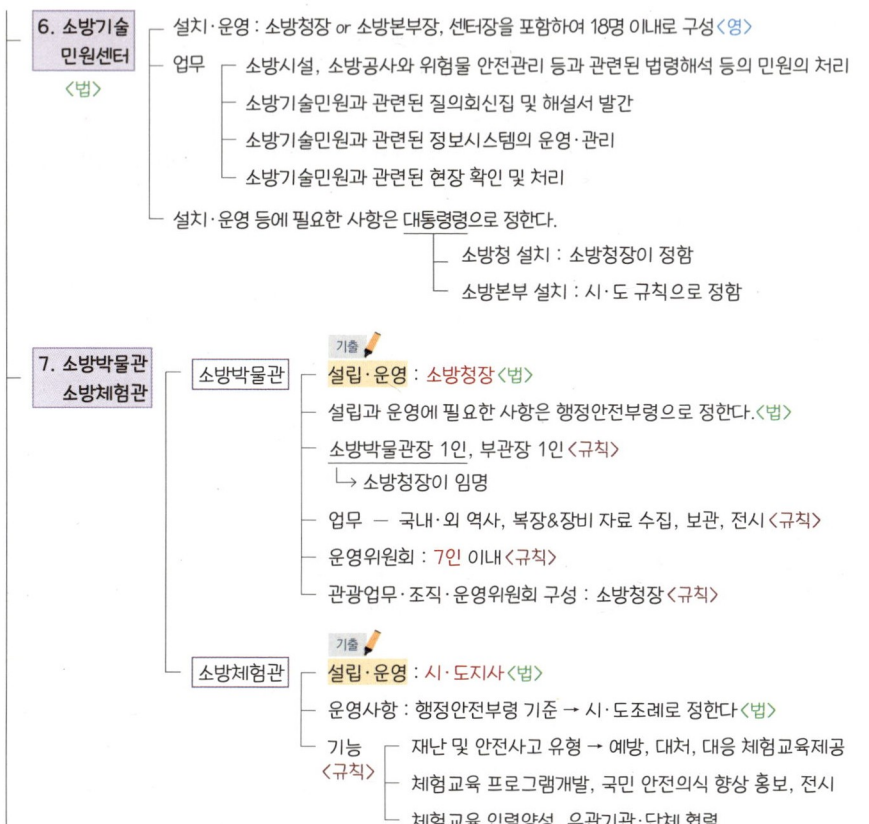

※ 시행규칙 별표1 : 소방체험관의 설립 및 운영에 관한 기준

- 체험실로 사용되는 부분 바 ; 합 900m² ↑
- 체험실별 : 바 100m² ↑ — 생활안전, 교통안전, 자연재난안전, 보건안전, 사회기반 안전, 범죄안전
- 인력자격기준 ─ 교수요원 ─ 소방관련학과 석사 이상
  - 자격 : 소방안전교육사, 소방시설관리사, 소방기술사, 소방설비기사
  - 간호사, 응급구조사 자격
  - 인명구조사, 화재대응능력시험 합격
  - 소방활동, 생활안전활동 : 3년 ↑ 경력
  - 소방공무원 : 5년 ↑ 근무 中 시·도지사가 인정하는 사람
- 조교 : 교육대상자 30명당 1명 ↑
- 운영결과, 만족도결과 → 3년간 보관

*갖추어야 하는 체험실

분야	체험실
생활안전	화재안전 체험실
	시설안전 체험실
교통안전	보행안전 체험실
	자동차안전 체험실
자연재난안전	기후성 재난 체험실
	지질성 재난 체험실
보건안전	응급처치 체험실

*갖출 수 있는 체험실

분야	체험실
생활안전	전기안전 체험실, 가스안전 체험실, 작업안전 체험실, 여가활동 체험실, 노인안전 체험실
교통안전	버스안전 체험실, 이륜차안전 체험실, 지하철안전 체험실
자연재난안전	생물권 재난안전 체험실(조류독감, 구제역 등)
사회기반안전	화생방·민방위안전 체험실, 환경안전 체험실, 에너지·정보통신안전 체험실, 사이버안전 체험실
범죄안전	미아안전 체험실, 유괴안전 체험실, 폭력안전 체험실, 성폭력안전 체험실, 사기범죄 안전 체험실
보건안전	중독안전 체험실(게임·인터넷, 흡연 등), 감염병안전 체험실, 식품안전 체험실, 자살방지 체험실
기타	시·도지사가 필요하다고 인정하는 체험실

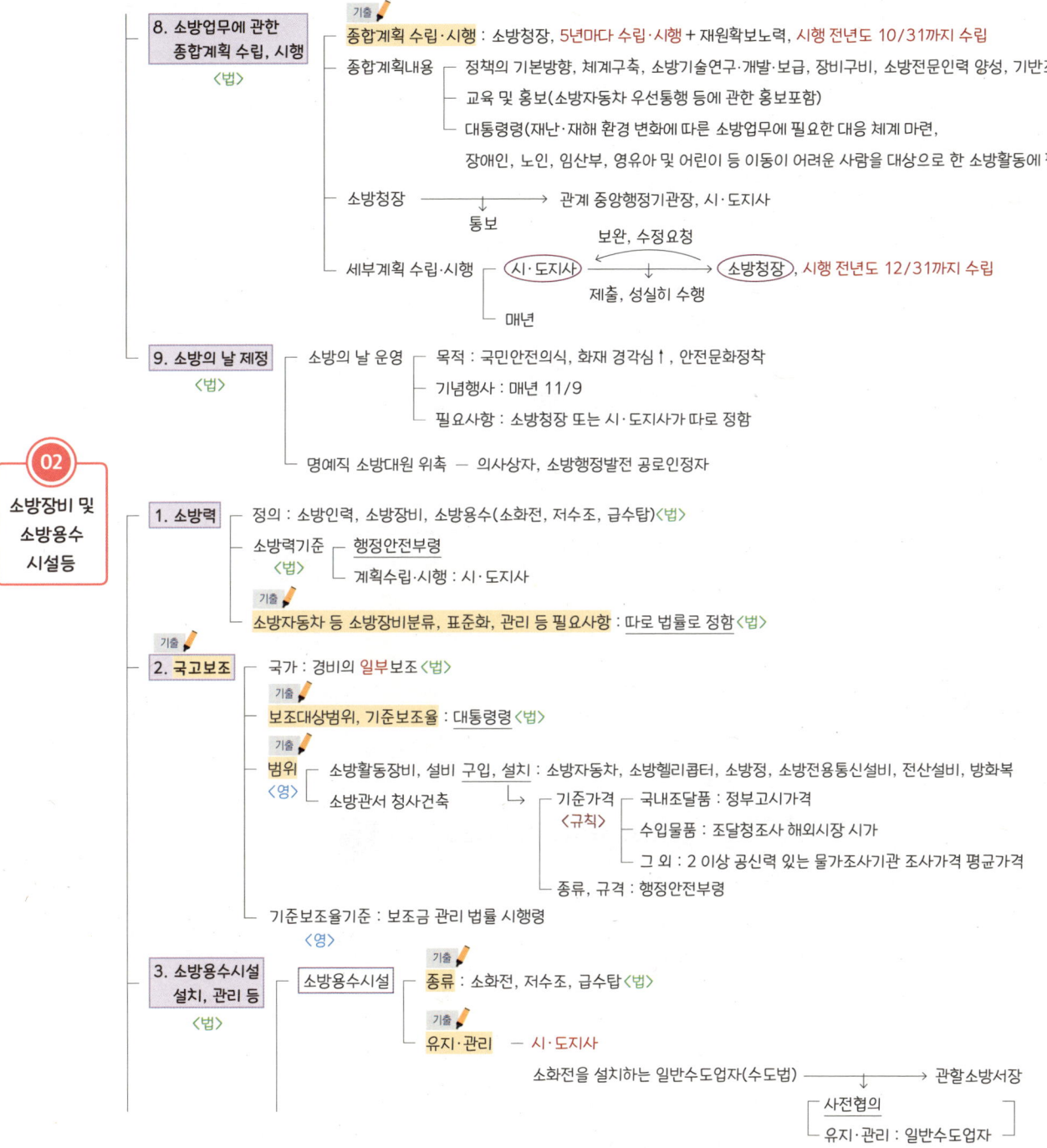

- 비상소화장치 (소방호스, 호스릴 연결)
  - 설치·유지·관리자 : 시·도지사 〈법〉
  - 설치대상지역 : 화재예방강화지구, 시·도지사가 설치가 필요하다고 인정하는 지역 〈영〉
  - 설치기준 〈규칙〉
    - 비상소화장치는 비상소화장치함, 소화전, 소방호스, 관창을 포함하여 구성할 것
    - 소방호스 및 관창은 형식승인 및 제품검사의 기술기준에 적합한 것으로 설치할 것
    - 비상소화장치함은 성능인증 및 제품검사의 기술기준에 적합한 것으로 설치할 것

> **기출**
> 〈소방 관련 시설 등의 설립 또는 설치에 관한 법적 근거〉
> · 소방체험관 : 행정안전부령으로 정하는 기준에 따라 시·도의 조례로 정한다.
> · 119종합상황실 : 행정안전부령으로 정한다.
> · 소방박물관 : 행정안전부령으로 정한다.
> · 비상소화장치 : 행정안전부령으로 정한다.

- 소방용수시설표지 ─ 설치 : 시·도지사, 보기쉬운 곳에 설치 〈규칙〉

※ 시행규칙 별표2 : 소방용수표지

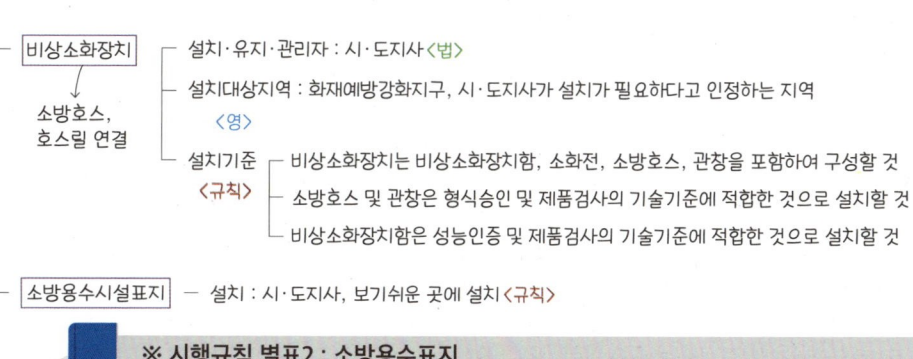

① 지하 소화전·저수조 〈지하〉
② **급수탑, 지상소화전·저수조** 〈지상〉 (기출)

> **기출**
> 〈지하에 설치하는 소화전 또는 저수조의 경우 소방용수표지〉
> ㉠ 맨홀뚜껑은 지름 648밀리미터(64.8센티미터) 이상의 것으로 할 것(다만, 승하강식 소화전의 경우에는 이를 적용하지 아니한다.)
> ㉡ 맨홀뚜껑에는 '소화전·주정차금지' 또는 '저수조·주정차금지'의 표시를 할 것
> ㉢ 맨홀뚜껑 부근에 노란색반사도료로 폭 15센티미터의 선을 그 둘레를 따라 칠할 것

- 소방용수시설 설치기준 〈규칙〉

※ 시행규칙 별표3 (기출)

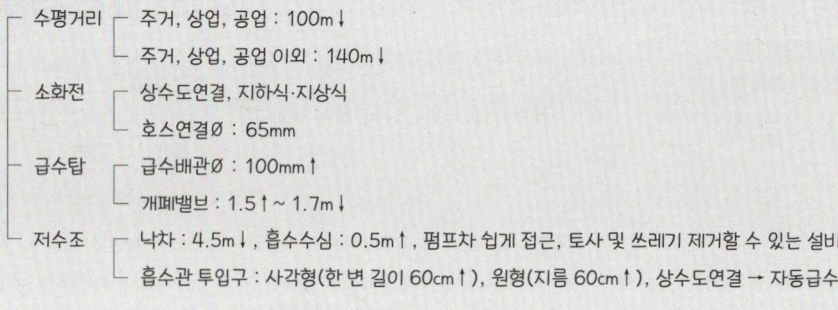

- 수평거리
  - 주거, 상업, 공업 : 100m↓
  - 주거, 상업, 공업 이외 : 140m↓
- 소화전
  - 상수도연결, 지하식·지상식
  - 호스연결∅ : 65mm
- 급수탑
  - 급수배관∅ : 100mm↑
  - 개폐밸브 : 1.5↑~1.7m↓
- 저수조
  - 낙차 : 4.5m↓, 흡수수심 : 0.5m↑, 펌프차 쉽게 접근, 토사 및 쓰레기 제거할 수 있는 설비
  - 흡수관 투입구 : 사각형(한 변 길이 60cm↑), 원형(지름 60cm↑), 상수도연결 → 자동급수

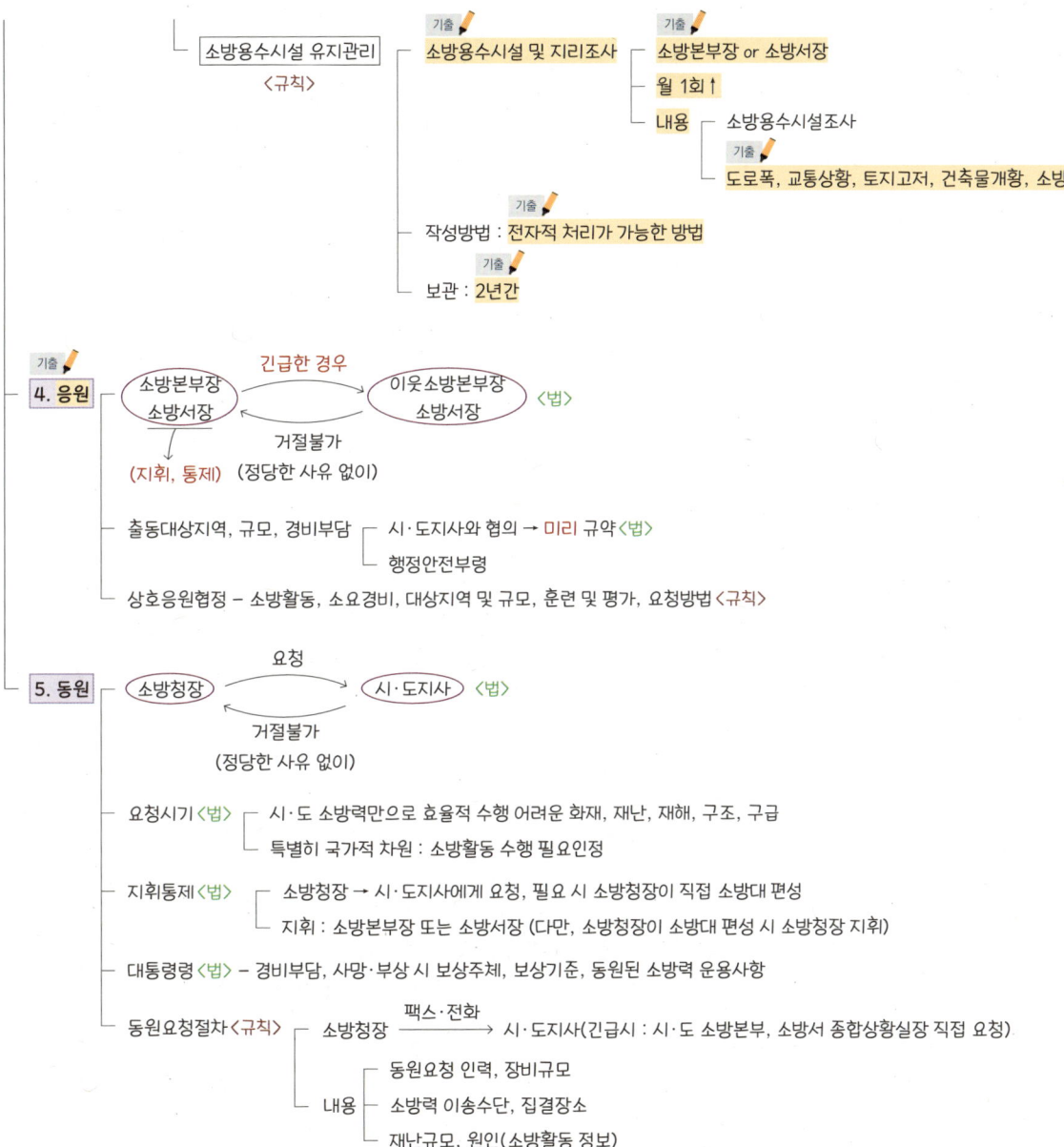

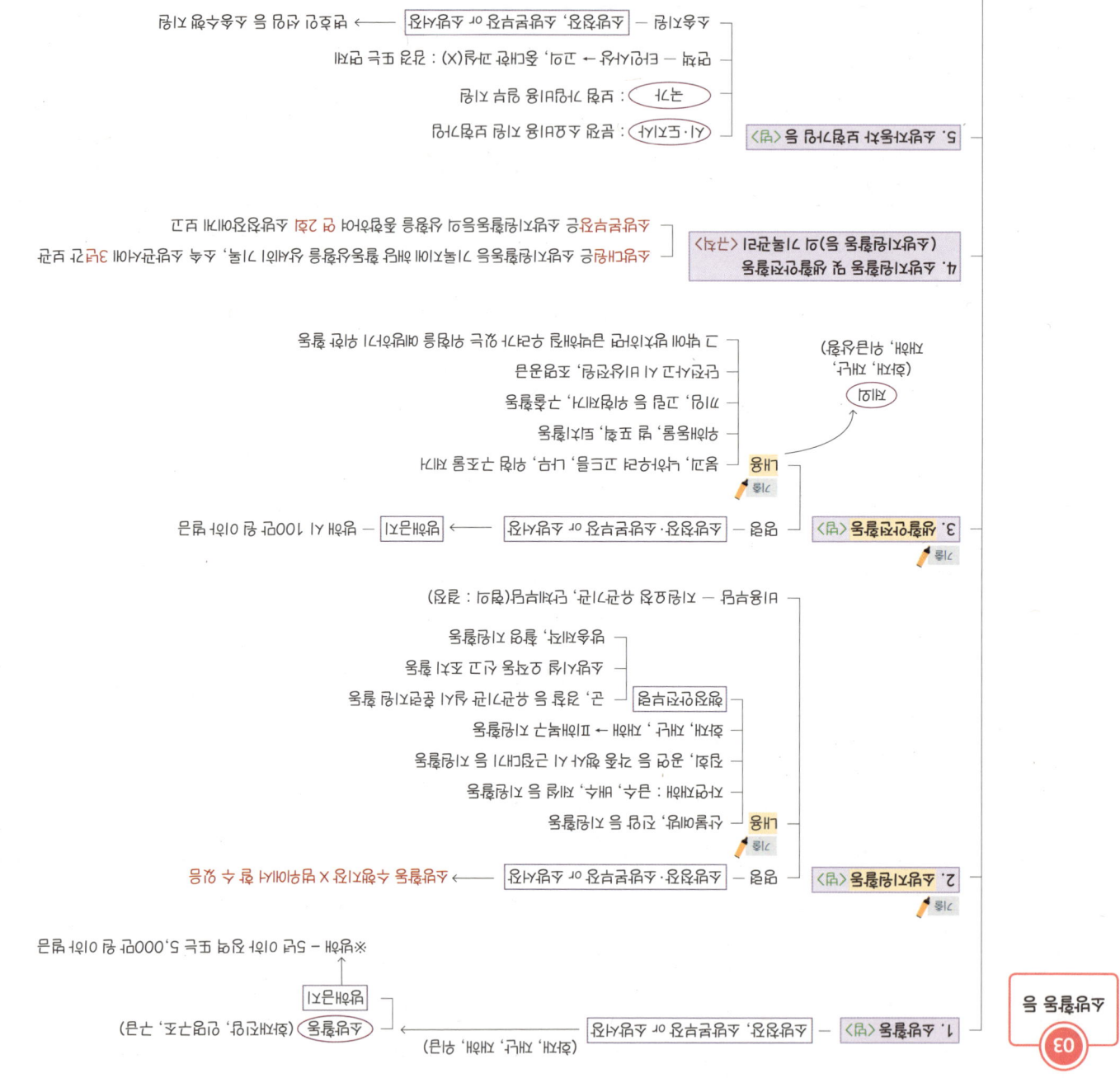

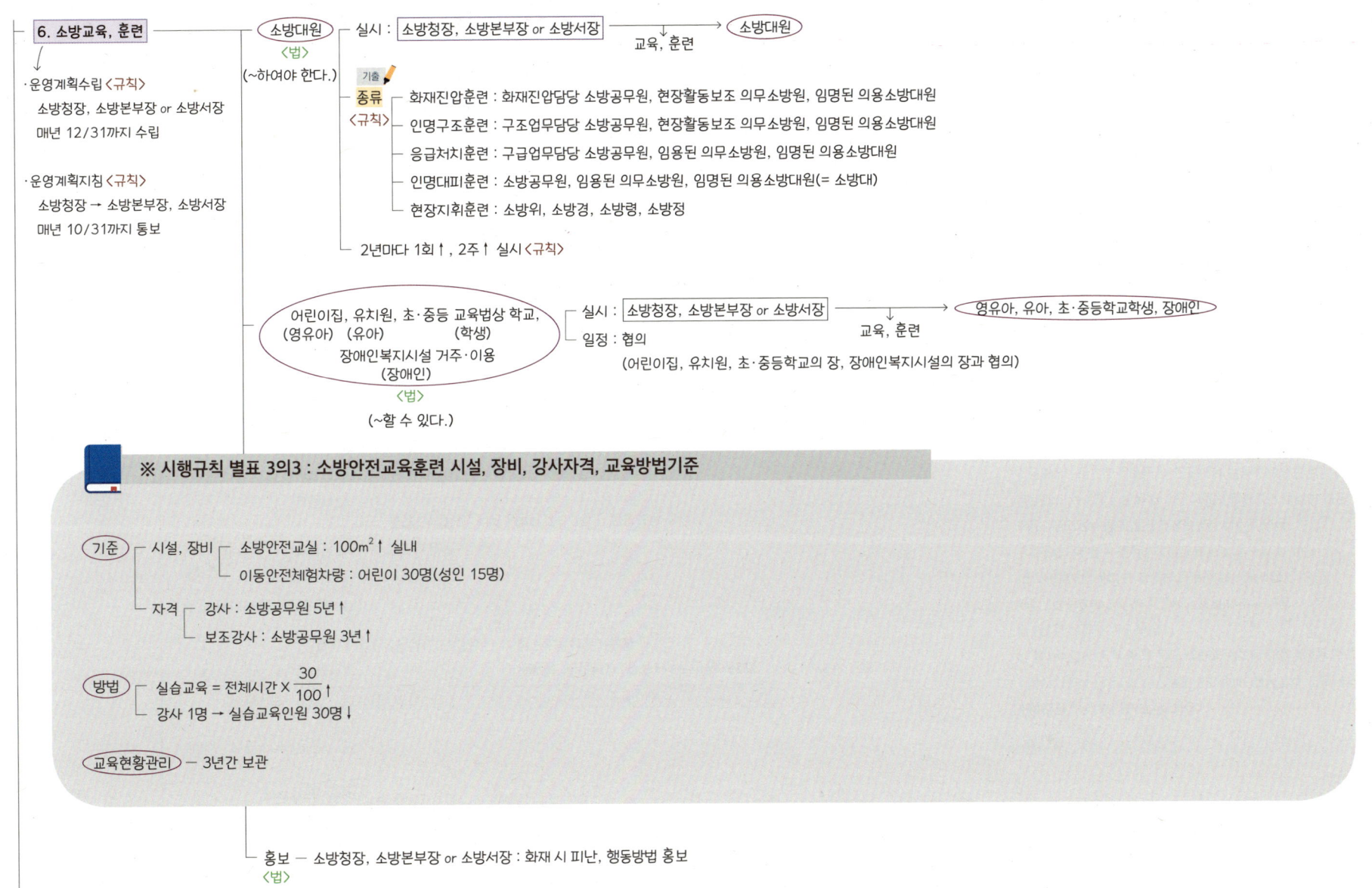

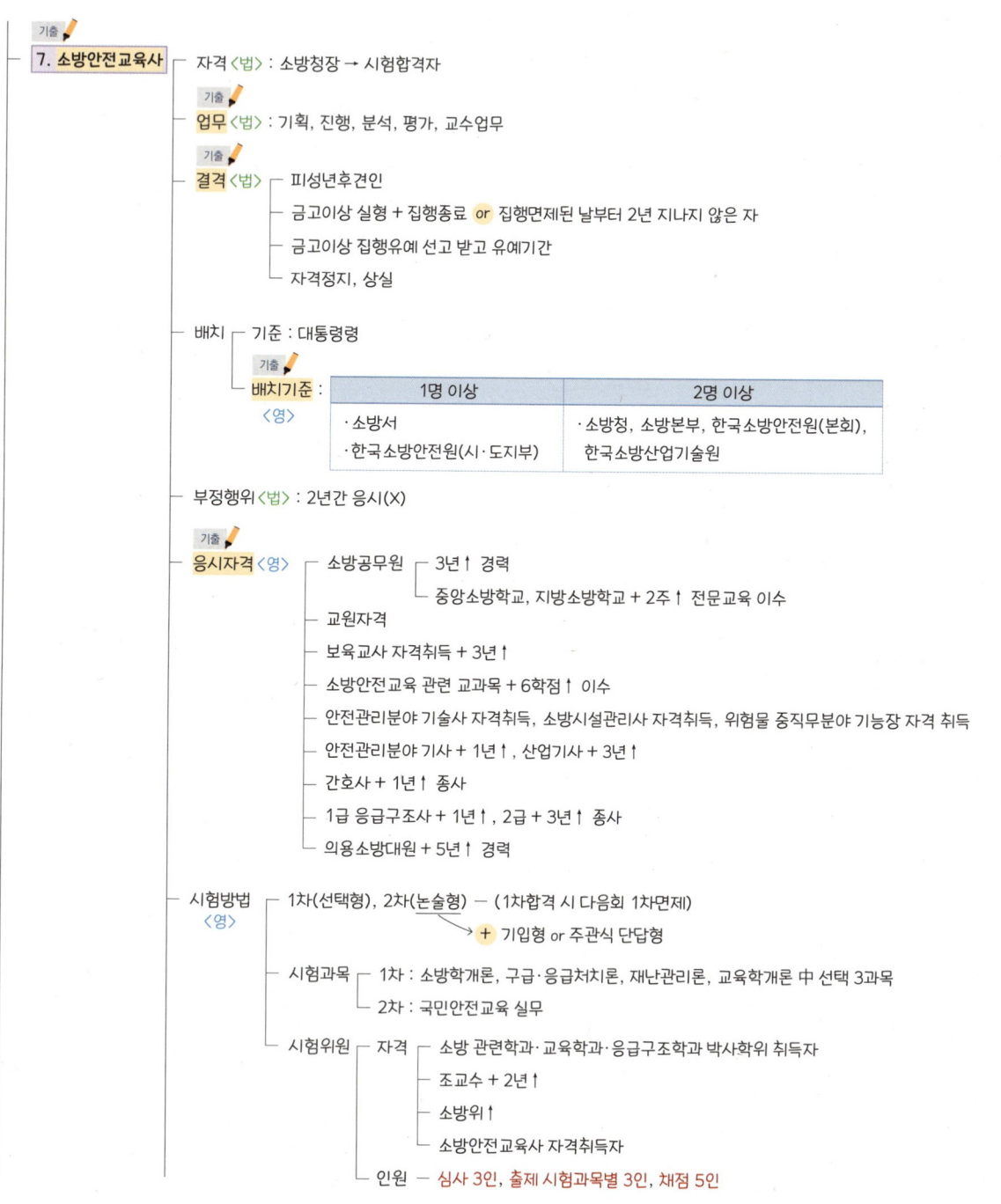

- 시험시행 〈영〉 — 2년마다 1회
- 시험공고 〈영〉 ─ 시행일 **90일** 전까지, 소방청장 공고
  └ 소방청의 인터넷 홈페이지 등
- 응시수수료 ─ 제1차 시험의 경우 3만 원, 제2차 시험의 경우 2만 5천 원〈규칙〉
  └ 반환 〈영〉 — 과오납 : 과오납 전액, 귀책사유 응시 X : 전액, 시험시행일 20일 전까지 철회 : 전액, 시험시행일 10일 전까지 철회 : $\frac{50}{100}$
- 합격자결정 〈영〉 ─ 공고 ┬ 소방청장
  │   └ 소방청의 인터넷 홈페이지 등
  └ 발급 : 소방청장 → 공고일 1개월 이내 발급 → 교부대장 기재, 관리

8. 한국119청소년단

- 설립 〈법〉 ─ 목적 : 청소년에게 소방안전에 관한 올바른 이해와 안전의식을 함양시키기 위하여 설립한다.
  └ 규정 : **사단법인**
- 국가나 지방자치단체는 한국119청소년단에 그 조직 및 활동에 필요한 시설·장비를 지원할 수 있으며, 운영경비와 시설비 및 국내외 행사에 필요한 경비를 보조할 수 있다. 〈법〉
- 한국119청소년단이 아닌 자는 한국119청소년단 또는 이와 유사한 명칭을 사용할 수 없다.
  └ 위반 시 200만 원 이하의 과태료 〈100, 150, 200〉

9. 소방신호

- 목적 : 화재예방, 소방활동, 소방훈련 〈법〉
- 종류 〈규칙〉 ─ 경계신호 : 화재예방상 인정, 화재위험경보 시
  ├ 발화신호 : 화재발생
  ├ 해제신호 : 소화활동이 필요 X
  └ 훈련신호 : 비상소집, 훈련 시
- 방법 〈규칙〉

※ **시행규칙 별표 4**

종별\신호	타종	사이렌	그 밖	기타
경계신호	1타와 연2타를 반복	5초 간격 30초씩 3회	·통풍대 ·게시판 ·기	·방법 : 전부 또는 일부 함께 사용 ·훈련신호 : 비상소집
발화신호	난타	5초 간격 5초씩 3회		
해제신호	상당한 간격, 1타씩 반복	1분간 1회		
훈련신호	연3타 반복	10초 간격 1분씩 3회		

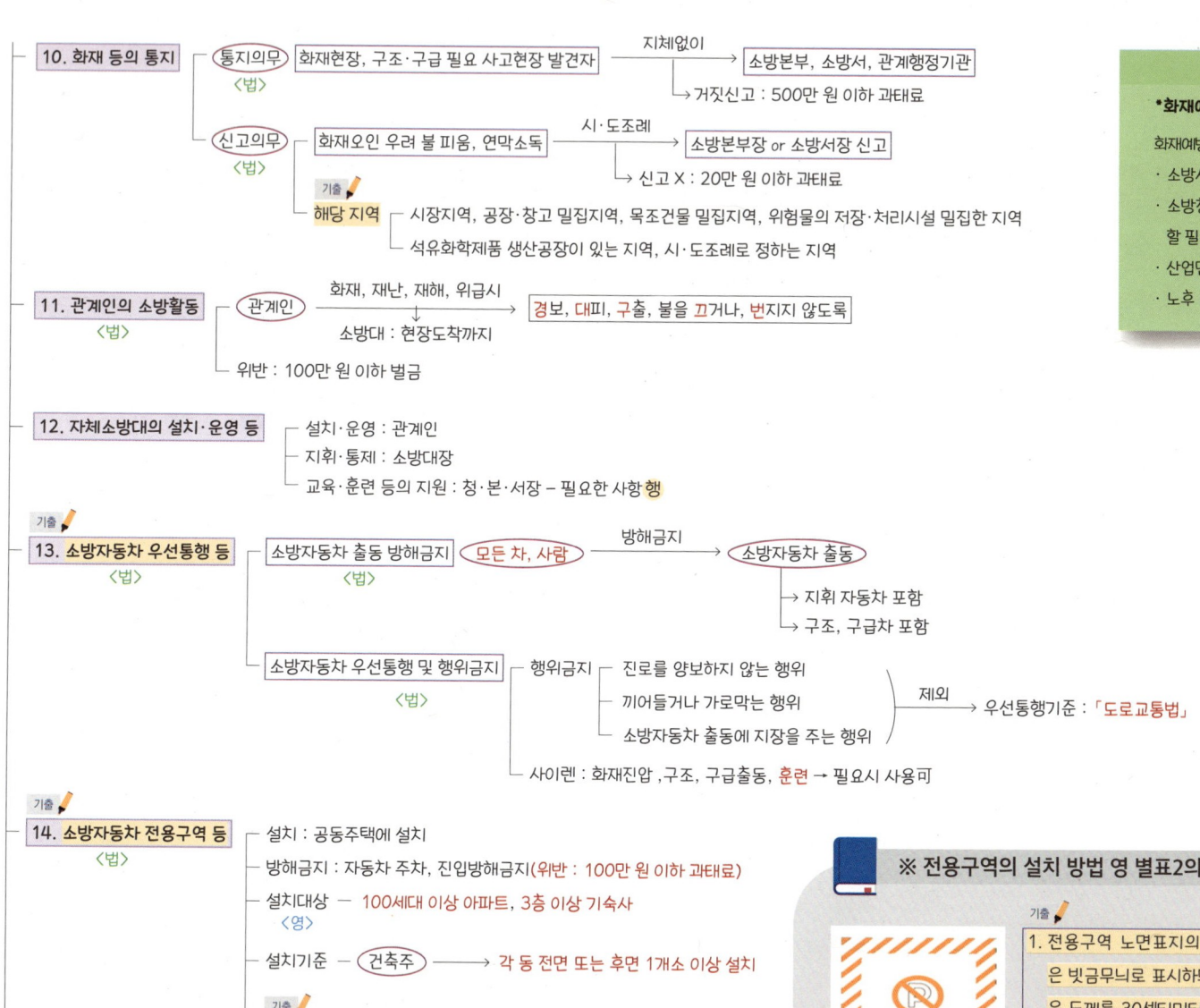

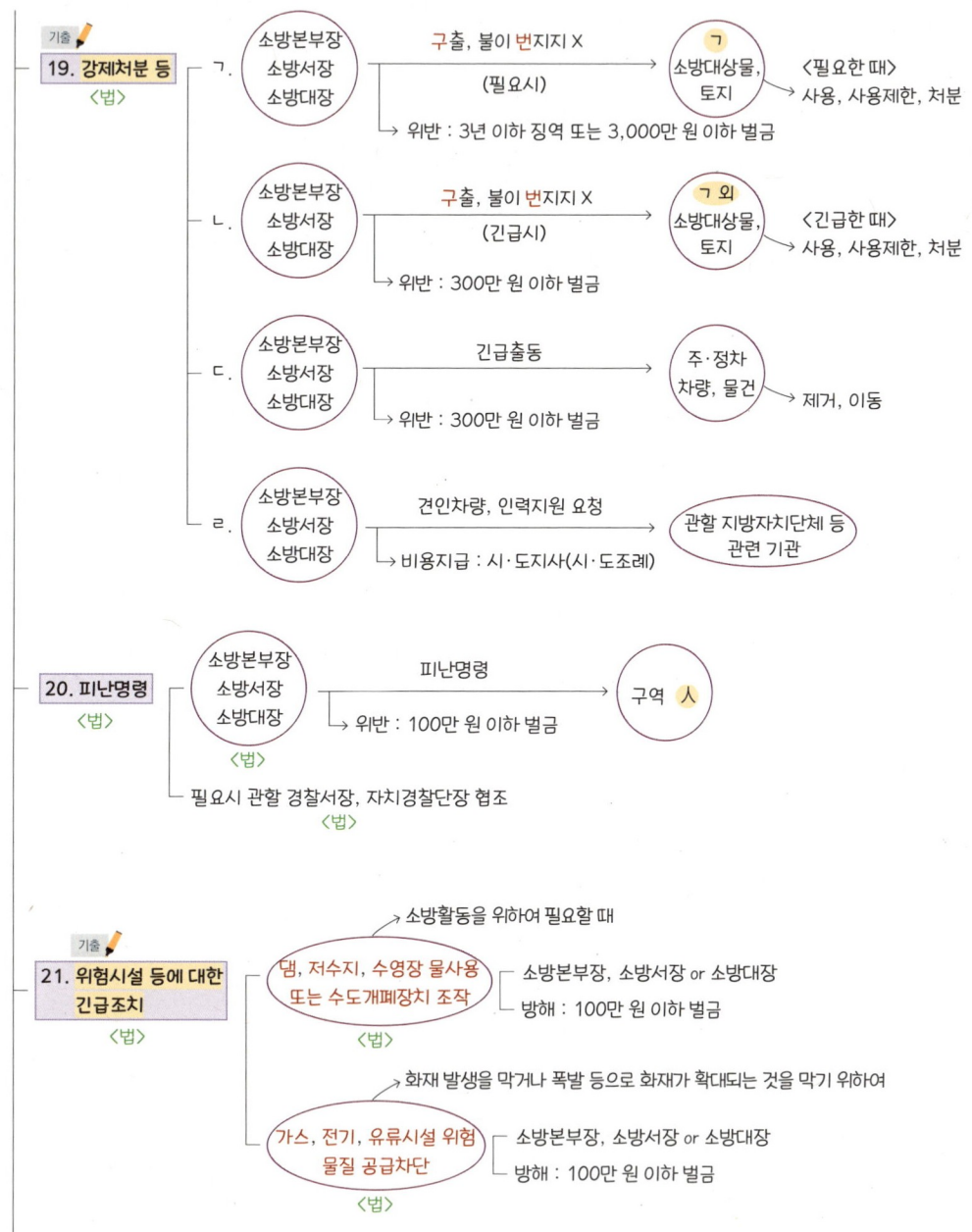

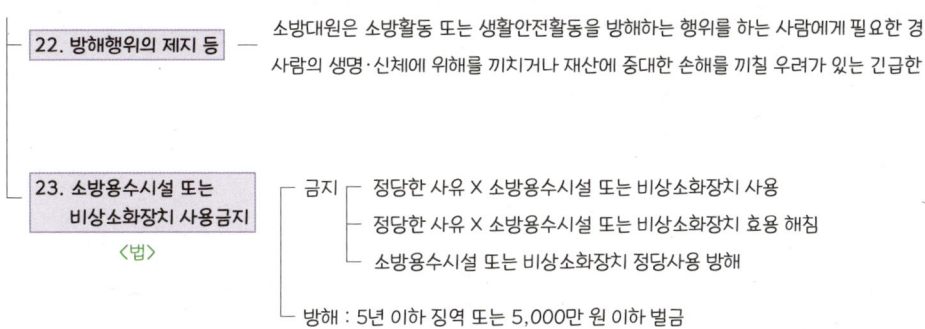
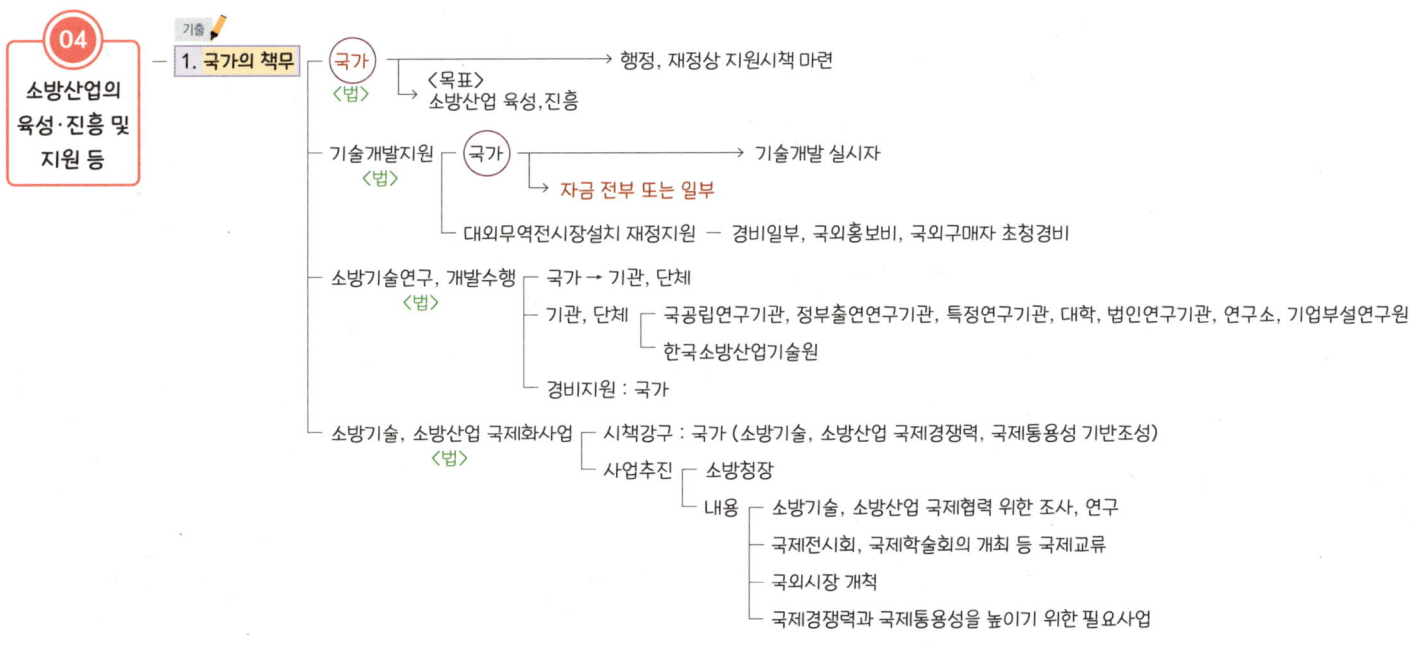

- 운영경비 〈법〉
  - 수입금
    - 교육·조사·연구
    - 행정기관 위탁
  - 회원회비
  - 자산운영수익금
  - 부대수입

- 안전원 임원 〈법〉
  - 원장 1명 포함 9명 이내 이사, 감사 1명
    - → 임명 : 소방청장

- 유사명칭 사용금지 〈법〉 — 위반 : 200만 원 이하 과태료

06 보 칙

1. 감독 〈법〉
- 안전원 업무 감독권자 : 소방청장
- 내용 〈영〉
  - 이사회 중요의결 사항
  - 회원가입, 탈퇴, 회비
  - 사업계획, 예산
  - 기구, 조직
  - 소방청장 위탁업무, 정관규정 업무수행
- 사업계획, 예산 : 소방청장 승인
- 권한 위임 : 소방청장 → 시·도지사, 소방본부장 or 소방서장

2. 손실보상
- 손실보상 〈법〉
  - 보상권자 : 소방청장 or 시·도지사
  - **손실내용** (기출)
    - 생활안전활동 → 손실
    - 소방활동종사 → 사망, 부상
    - 강제처분 (제25조 제2항, 제3항 - 법령위반 제외) → 손실
    - 위험시설등 긴급조치 → 손실
    - 적법한 소방업무, 활동 → 손실
  - **소멸** (기출) : 손실 안 날 + 3년, 발생 + 5년이내(X)
  - 소방청장·시·도지사 : 손실보상심의위원회 구성·운영 (할 수 있다.)

> **기출**
>
> 〈손실보상〉
> · 손실보상심의위원회 위원의 임기는 2년으로 하며, 한 차례만 연임할 수 있다.
> · 손실보상심의위원회는 위원장 1명을 포함하여 5명 이상 7명 이하의 위원으로 구성한다.
> · 소방청장등은 보상금을 지급하기로 결정한 경우에는 특별한 사유가 없으면 통지한 날부터 30일 이내에 보상금을 지급하여야 한다.
> · 소방청장등은 손실보상심의위원회의 심사·의결을 거쳐 특별한 사유가 없으면 보상금 지급 청구서를 받은 날부터 60일 이내에 보상금 지급 여부 및 보상금액을 결정하여야 한다.
> · 소방청장 또는 시·도지사는 손실보상심의위원회의 구성 목적을 달성하였다고 인정하는 경우에는 손실보상심의위원회를 해산할 수 있다.

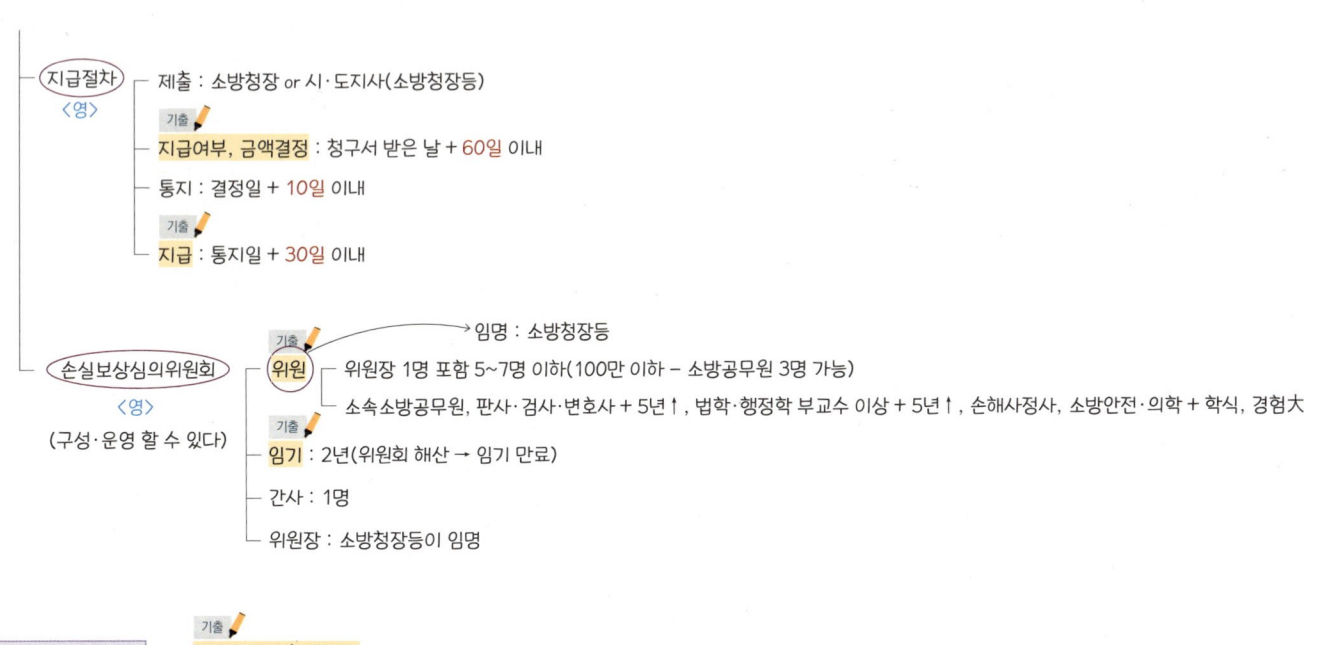

- 지급절차 〈영〉
  - 제출 : 소방청장 or 시·도지사(소방청장등)
  - [기출] 지급여부, 금액결정 : 청구서 받은 날 + 60일 이내
  - 통지 : 결정일 + 10일 이내
  - [기출] 지급 : 통지일 + 30일 이내

- 손실보상심의위원회 〈영〉 (구성·운영 할 수 있다)
  - 위원
    - [기출] → 임명 : 소방청장등
    - 위원장 1명 포함 5~7명 이하(100만 이하 - 소방공무원 3명 가능)
    - 소속소방공무원, 판사·검사·변호사 + 5년↑, 법학·행정학 부교수 이상 + 5년↑, 손해사정사, 소방안전·의학 + 학식, 경험大
  - [기출] 임기 : 2년(위원회 해산 → 임기 만료)
  - 간사 : 1명
  - 위원장 : 소방청장등이 임명

07 벌칙 〈법〉

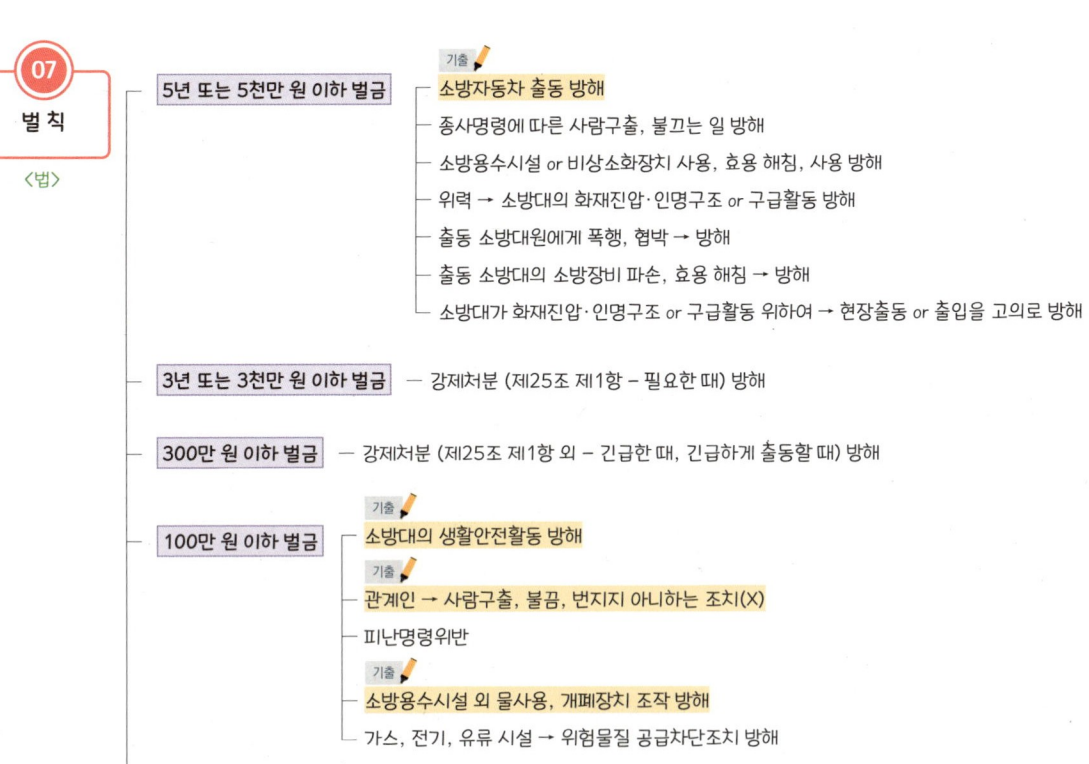

- 5년 또는 5천만 원 이하 벌금
  - [기출] 소방자동차 출동 방해
  - 종사명령에 따른 사람구출, 불끄는 일 방해
  - 소방용수시설 or 비상소화장치 사용, 효용 해침, 사용 방해
  - 위력 → 소방대의 화재진압·인명구조 or 구급활동 방해
  - 출동 소방대원에게 폭행, 협박 → 방해
  - 출동 소방대의 소방장비 파손, 효용 해침 → 방해
  - 소방대가 화재진압·인명구조 or 구급활동 위하여 → 현장출동 or 출입을 고의로 방해

- 3년 또는 3천만 원 이하 벌금
  - 강제처분 (제25조 제1항 - 필요한 때) 방해

- 300만 원 이하 벌금
  - 강제처분 (제25조 제1항 외 - 긴급한 때, 긴급하게 출동할 때) 방해

- 100만 원 이하 벌금
  - [기출] 소방대의 생활안전활동 방해
  - [기출] 관계인 → 사람구출, 불끔, 번지지 아니하는 조치(X)
  - 피난명령위반
  - [기출] 소방용수시설 외 물사용, 개폐장치 조작 방해
  - 가스, 전기, 유류 시설 → 위험물질 공급차단조치 방해

- **500만 원 이하 과태료**
  - 1. 화재, 구조, 구급 → 거짓으로 알린 사람 〈200, 400, 500〉
  - 2. 정당한 사유없이 화재, 재난, 재해, 그 밖의 위급한 상황을 소방본부, 소방서 또는 관계행정기관에 알리지 아니한 관계인 〈500〉

- **200만 원 이하 과태료**
  - 소방활동구역 출입 위반자 〈100〉
  - 한국소방안전원 유사명칭 사용 〈200〉
  - 소방자동차 출동 지장 〈100〉
  - 한국 119청소년단 또는 이와 유사명칭 사용 〈100, 150, 200〉

  부과권자 : 시·도지사, 소방본부장 or 소방서장

- **100만 원 이하 과태료**
  - 전용구역 : 주차, 방해 〈50, 100, 100〉

- **20만 원 이하 과태료**
  - 연막소독신고 X → 소방자동차 출동하게 한 자

  부과권자 : 소방본부장 or 소방서장

황지현
창원시립마산박물관
장 웅 진

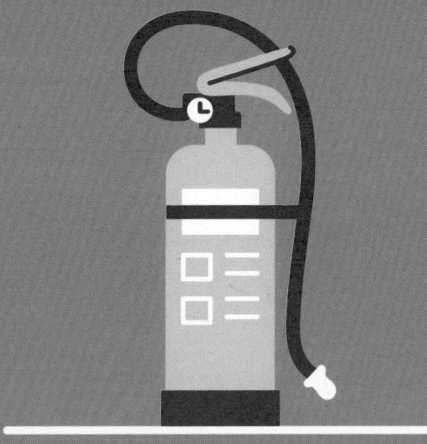

PART 02
소방 시설 설치 및 관리에 관한 법률

PART 02 | 소방 시설 설치 및 관리에 관한 법률

01 총칙

- **1. 목적**
  - 특정소방대상물 등에 설치하는 소방시설등 설치·관리, 소방용품 성능관리
  - 국민 생명·신체·재산보호·공공안전·복리 증진

- **2. 정의** — 소방시설 〈영〉
  - **소화설비**
    - 정의 : 물 또는 그 밖의 소화약제 사용, 소화하는 기계·기구 또는 설비
    - 종류
      - 소화기구 – 소화기, 간이소화용구(에어로졸, 투척용, 소화약제 외, 소공간용), 자동확산 소화기
      - 자동소화장치 – 주거용 주방, 상업용 주방, 캐비닛형, 가스, 분말, 고체에어로졸
      - 옥내소화전설비(호스릴 포함)
      - 스프링클러설비등 – 스프링클러, 간이스프링클러(캐비닛형 포함), 화재조기진압용 스프링클러
      - 물분무등소화설비 – 물분무, 미분무, 포, CO_2, 할론, 할로겐 및 불활성기체, 분말, 강화액, 고체에어로졸
      - 옥외소화전설비
  - **경보설비**
    - 정의 : 화재발생 통보 기계·기구 또는 설비
    - 종류
      - 비상경보설비 : 비상벨, 자동식사이렌
      - 단독경보형 감지기
      - 시각경보기
      - 자동화재탐지설비
      - 화재알림설비
      - 비상방송설비
      - 자동화재속보설비
      - 통합감시시설
      - 가스누설경보기
      - 누전경보기
  - **피난구조설비**
    - 정의 : 피난하기 위해 사용하는 기계·기구 또는 설비
    - 종류
      - 피난기구 : 피난사다리, 구조대, 완강기, 간이완강기, 그 밖에 화재안전기준으로 정하는 것
      - 인명구조기구 : 방열복, 방화복(안전모, 보호장갑, 안전화를 포함), 공기호흡기, 인공소생기
      - 유도등 : 피난유도선, 피난구유도등, 통로유도등, 객석유도등, 유도표지
      - 비상조명등, 휴대용비상조명등
  - **소화용수설비**
    - 정의 : 화재를 진압 위해 물을 공급, 저장하는 설비
    - 종류
      - 상수도소화용수설비
      - 소화수조, 저수조, 그 밖의 소화용수설비
  - **소화활동설비**
    - 정의 : 화재진압, 인명구조활동 위해 사용하는 설비
    - 종류
      - 제연설비
      - 연결송수관설비
      - 연결살수설비
      - 비상콘센트설비
      - 무선통신보조설비
      - 연소방지설비

- 의료시설
  - 병원 : 종합병원, 병원, 요양병원
  - 격리병원 : 전염병원, 마약진료소
  - 정신의료기관, 장애인 의료재활시설
- 교육연구시설
  - 학교, 초등학교, 중·고등·특수학교 : 교사, 급식시설, 합숙소, 체육관(병설유치원 제외)
  - 대학교 : 교사 및 합숙소
  - 학원(근린X, 자동차, 무도제외) : 교육원(연수원 포함), 연구소, 도서관
- 노유자시설
  - 노인 관련 시설 : 노인주거복지, 노인의료복지, 노인보호전문기관, 학대피해노인쉼터
  - 아동 관련 시설 : 아동복지, 어린이집, 병설유치원 포함 유치원
  - 장애인 관련 시설 : 장애인 거주, 장애인 지역사회 재활시설, 장애인 직업재활시설
  - 정신질환자 관련 시설 : 정신재활(생산품판매 제외), 정신요양시설
  - 노숙인 관련 시설 : 노숙인복지(노숙인보호, 자활, 재활, 요양시설 및 쪽방상담소), 노숙인종합지원센터
  - 그 밖에 사회복지시설 중 결핵환자 또는 한센인 요양시설 등
- 수련시설
  - 생활권 : 청소년수련관, 청소년문화의 집, 청소년특화시설
  - 자연권 : 청소년수련원, 청소년야영장
  - 유스호스텔
- 운동시설
  - 탁구장, 체육도장, 골프연습장 등(근린X)
  - 체육관 : 관람석X or 관람석 바 1천m² 미만
  - 운동장 : 육상, 구기, 볼링, 수영, 사격장 등 관람석X, or 관람석 바 1천m² 미만
- 업무시설
  - 공공업무시설 : 국가 지자체의 청사, 외국공관(근린X)
  - 일반업무시설 : 금융업소, 사무소, 오피스텔(근린X)
  - 주민자치센터, 경찰서, 소방서, 우체국, 보건소, 공공도서관
  - 마을회관, 변전소, 공중화장실
- 숙박시설
  - 일반형, 생활형 숙박시설 : 숙박업의 시설
  - 고시원(근린X)
- 위락시설
  - 단란주점(근린X), 유흥주점
  - 유원시설업(근린X), 카지노
  - 무도장 및 무도학원
- 공장 — 물품제조·가공·수리
- 창고시설
  (위험물 저장처리X)
  - 창고(물품저장시설)
  - 하역장, 물류터미널, 집배송 시설
- 위험물 저장 처리시설
  - 제조소 등
  - 가스시설 : 지상에 노출된 산소 or 가연성가스 탱크로 합계 100톤↑ or 30톤↑ 탱크있는 가스제조·저장·취급시설

- 항공기 및 자동차 관련 시설
  - 건축물의 내부에 설치된 주차장(단독주택, 50세대 미만 연립주택 or 다세대주택 – 제외)
  - 항공기격납고, 세차장, 폐차장, 자동차 검사장, 매매장, 정비공장
  - 차고, 주차용 건축물, 철골 조립식 주차시설, 기계장치 주차시설
  - 운전학원·정비학원
  - 차고 및 주기장
- 동물 및 식물 관련 시설 — 축사, 가축시설, 도축장, 도계장, 작물 재배사, 종묘배양시설, 화초·분재 등의 온실(동·식물원은 제외)
- 자원순환관련시설 — 하수처리·폐기물(재활용, 처분, 감량화)시설, 고물상
- 교정 및 군사시설 — 보호감호소, 교도소, 구치소, 치료감호시설, 소년원, 유치장, 국방·군사시설
- 방송통신시설 — 방송국, 전신전화국, 촬영소, 통신용시설
- 발전시설 — 발전소, 전기저장시설(20kwh 초과)
- 묘지 관련 시설 — 화장시설, 봉안당(종교시설X), 묘지, 동물화장시설, 동물건조장, 동물납골시설
- 관광 휴게시설 — 야외음악당, 야외극장, 어린이회관, 관망탑, 휴게소, 공원·유원지 또는 관광지 부수 건축물
- 장례시설 — 장례식장, 동물 장례식장
- 지하가 — 지하상가, 터널(궤도차량용X)
- 지하구
  - 전력 또는 통신사업용 지하 인공구조물(전력구, 통신구 방식) or 그 밖에 인공구조물 폭 1.8m↑, 높이 2m↑, 길이 50m↑
  - 공동구
- 국가유산
  - 지정문화유산 중 건축물
  - 천연기념물등 중 건축물
- 복합건축물
  - 하나의 건축물 → 2 이상의 용도 사용(지하구, 국가유산X) ─ 제외
    - 법령에 의무화
    - 주택내 부대·복리시설
    - 건축물용도에 필수적 → 설비, 대피, 위생을 위한 용도, 사무, 작업, 저장, 주차용도, 종업원복리시설 등
  - 하나의 건축물이 근린·판매·업무·숙박·위락 + 주택으로 사용

비 고

- 별개
  - 내화구조 특정소방대상물 + 개구부X, 연소확대우려X, 바닥과 벽으로 구획
  - 연결통로, 지하구 소방대상물 양쪽
    - 경보설비, 자동소화설비 연동, 60분 + 방화문(or 자동방화셔터) 설치
    - 드렌처설비, 개방형 스프링클러헤드 설치
- 하나
  - 2 이상 특정소방대상물 복도, 통로 연결
    - 내화구조 연결통로
      - 벽X : 6m↓
      - 벽O : 10m↓
    - 내화구조X, 연결통로
    - 컨베이어벨트, 플랜트설비 배관 연결
    - 지하보도, 지하상가, 지하가
    - 방화셔터, 60분 + 방화문X 피트
    - 지하구 연결

지하층 + 지하가 연결 → 지하가 〈영〉
  - (+) 자동방화셔터, 60분 + 방화문 자동 폐쇄 or 드렌처설비 → 지하가X

- 화재안전성능 : 화재예방, 화재발생 → 피해최소 → 소방대상물 재료·공간·설비 등에 요구되는 안전성능
- 성능위주설계 : 건축물등의 재료·공간·이용자·화재특성 등 종합적 고려, 공학적 방법·화재위험성 평가 → 화재안전성능확보·특정소방대상물 설계
- 화재안전기준
  - 성능기준 : 재료·공간 설비등에 요구 – 소방청창고시
  - 기술기준 : 상세한 규격, 특정한 수치, 시험방법 등 – 행 소방청장의 승인

> **기술기준 재·개정 절차 〈규〉**
> - 심의·의결 – 중앙소방기술심의위원회
> - 승인신청서제출(국립소방연구원장 → 소방청장)
>   - 재·개정안
>   - 재·개정 이유
>   - 심의 경과 및 결과
> - 승인여부통보(소방청장 → 국립소방연구원장)
> - 승인시 – 관보게재, 홈페이지 공개(국립소방연구원장)
> - 규정 외 필요사항 – 국립소방연구원장이 정함

- 소방용품
  - 정의 : 소방시설등 구성, 소방용제품 또는 기기
  - 종류 〈영〉
    - 소화설비
      - 소화기구(소화약제 외의 간이소화용구 제외)
      - 자동소화장치
      - 소화전, 관창, 소방호스, 스프링클러헤드, 기동용 수압개폐장치, 유수제어밸브 및 가스관선택밸브
    - 경보설비
      - 누전경보기, 가스누설경보기
      - 발신기·수신기·중계기·감지기·음향장치(경종만)
    - 피난구조설비
      - 피난사다리, 구조대, 완강기(지지대 포함), 간이완강기(지지대 포함)
      - 공기호흡기(충전기 포함)
      - 피난구유도등, 통로유도등, 객석유도등 및 예비 전원이 내장된 비상조명등
    - 소화용
      - 소화약제 – 자동소화장치 中 상업용 주방, 캐비닛
        - 포, CO_2, 할론, 할로겐 및 불활성기체, 분말, 강화액, 고체에어로졸
      - 방염제 – 방염액·방염도료·방염성 물질
  - 그밖에 행

> **국가 및 지방자치단체의 책무**
> - 국가와 지방자치단체는 소방시설등의 설치·관리와 소방용품의 품질 향상 등을 위하여 필요한 정책을 수립하고 시행하여야 한다.
> - 국가와 지방자치단체는 새로운 소방 기술·기준의 개발 및 조사·연구, 전문인력 양성 등 필요한 노력을 하여야 한다.
> - 국가와 지방자치단체는 제1항 및 제2항에 따른 정책을 수립·시행하는 데 있어 필요한 행정적·재정적 지원을 하여야 한다.
> - 규정 외 필요사항 – 국립소방연구원장이 정함

- 무창층
  - 정의 : 지상층 中 개구부 면적합계 = 해당층 바닥면적 1/30 이하가 되는 층
  - 개구부 조건
    - 지름 50cm↑ 원 통과할 수 있을 것
    - 바닥 ↔ 개구부 밑 : 높이 1.2m↓
    - 빈터를 향할 것
    - 창살, 장애물(X)
    - 내부 or 외부에서 부수거나 열 수(O)

- 피난층 – 곧바로 지상으로 → 출입구

> **관계인의 의무**
> - 관계인은 소방시설등의 기능과 성능을 보전·향상시키고 이용자의 편의와 안전성을 높이기 위하여 노력하여야 한다.
> - 관계인은 매년 소방시설등의 관리에 필요한 재원을 확보하도록 노력하여야 한다.
> - 관계인은 국가 및 지방자치단체의 소방시설등의 설치 및 관리 활동에 적극 협조하여야 한다.
> - 관계인 중 점유자는 소유자 및 관리자의 소방시설등 관리 업무에 적극 협조하여야 한다.

02 소방시설등의 설치·관리 및 방염

1. 건축허가 등 동의

- **동의권자** — 소방본부장·서장(동의요구자 : 행정기관)
- **동의시기** — 건축물 등의 신축·증축·개축·재축·이전·용도변경, 대수선, 행정기관 → 미리 동의
- **방법** 〈규칙〉
  - 회신 – 5일(특급 : 10일)이내 → 동의 대장 기재, 관리(소방본부장·서장)
  - 보완 – 4일 이내
  - 취소 – 7일 이내
- **행정기관 신고수리** → 관할본부장·서장
  - 지체없이
  - 내부구조 알 수 있는 설계도면 제출(예외 : 국가안보, 기밀)
- **화재안전성능 확보 위해 의견서 검토자료 첨부** (소방본부장·서장)
  - 피난시설·방화구획
  - 소방관 진입창
  - 방화벽, 마감재료 등
  - 그 밖에 소방자동차 접근 가능한 통로 설치 등 〈법〉
    - 대
      - 소방자동차의 접근이 가능한 통로 설치
      - 승강기설치
      - 주택단지 안 도로 설치
      - 옥상광장, 비상문 자동개폐장치, 헬리포트 설치
      - 그 밖에 소방본부장·서장 필요
- **사용승인동의** — 완공검사증명서 동의 갈음
- **동의요구서 첨부서류**
  - 건축허가 확인서류(사본)
  - 설계도서 (다만, ㉠목, ㉡목 ⓑ, ⓓ – 소방시설공사 착공신고대상에 한함)
    - ㉠건축물 설계도서
      - ⓐ 건축물 개요 및 배치도
      - ⓑ 주단면도 및 입면도(물체를 정면에서 본 대로 그린 그림을 말한다.)
      - ⓒ 층별 평면도(용도별 기준층 평면도를 포함)
      - ⓓ 방화구획도(창호도를 포함)
      - ⓔ 실내, 실외 마감재료표
      - ⓕ 소방자동차 진입 동선도 및 부서 공간 위치도(조경계획을 포함)
    - ㉡소방시설 설계도서
      - ⓐ 소방시설(기계·전기분야의 시설을 말한다)의 계통도(시설별 계산서를 포함)
      - ⓑ 소방시설별 층별 평면도
      - ⓒ 실내장식물 방염대상물품 설치 계획(「건축법」 제52조에 따른 건축물의 마감재료는 제외한다)
      - ⓓ 소방시설의 내진설계 계통도 및 기준층 평면도(내진 시방서 및 계산서 등 세부 내용이 포함된 상세 설계도면은 제외한다)
  - 소방시설 설치계획표
  - 임시소방시설 설치계획서(시기·위치·종류·방법 등 세부사항 포함)
  - 소방시설설계업등록증, 설계한 기술인력 기술자격증 사본
  - 소방시설설계 계약서 사본

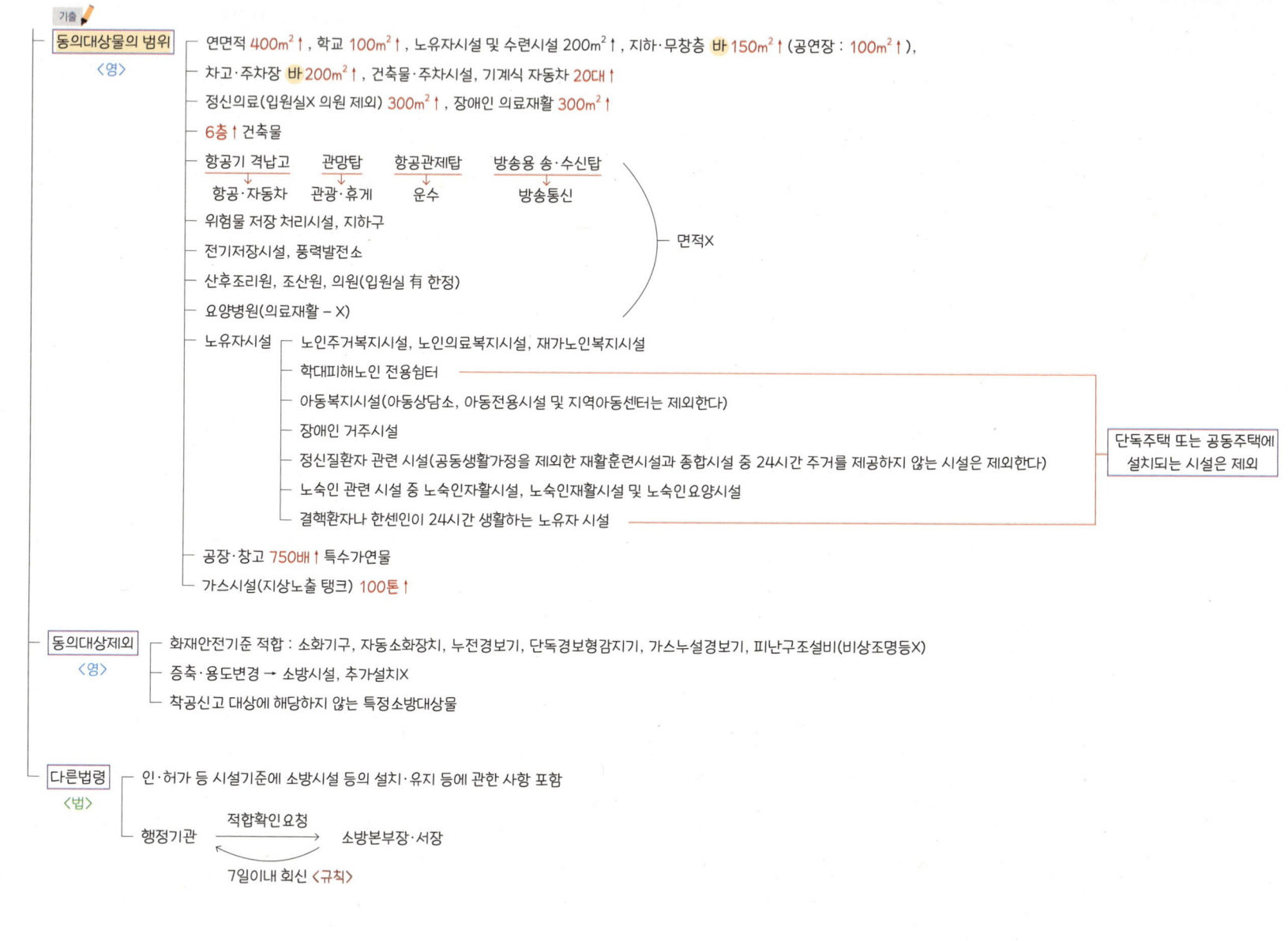

- 동의대상물의 범위 〈영〉
  - 연면적 400m²↑, 학교 100m²↑, 노유자시설 및 수련시설 200m²↑, 지하·무창층 바 150m²↑ (공연장 : 100m²↑),
  - 차고·주차장 바 200m²↑, 건축물·주차시설, 기계식 자동차 20대↑
  - 정신의료(입원실X 의원 제외) 300m²↑, 장애인 의료재활 300m²↑
  - 6층↑ 건축물
  - 항공기 격납고 → 항공·자동차
  - 관망탑 → 관광·휴게
  - 항공관제탑 → 운수
  - 방송용 송·수신탑 → 방송통신
  - (면적X)
  - 위험물 저장 처리시설, 지하구
  - 전기저장시설, 풍력발전소
  - 산후조리원, 조산원, 의원(입원실 有 한정)
  - 요양병원(의료재활 – X)
  - 노유자시설
    - 노인주거복지시설, 노인의료복지시설, 재가노인복지시설
    - 학대피해노인 전용쉼터
    - 아동복지시설(아동상담소, 아동전용시설 및 지역아동센터는 제외한다)
    - 장애인 거주시설
    - 정신질환자 관련 시설(공동생활가정을 제외한 재활훈련시설과 종합시설 중 24시간 주거를 제공하지 않는 시설은 제외한다)
    - 노숙인 관련 시설 중 노숙인자활시설, 노숙인재활시설 및 노숙인요양시설
    - 결핵환자나 한센인이 24시간 생활하는 노유자 시설
    - (단독주택 또는 공동주택에 설치되는 시설은 제외)
  - 공장·창고 750배↑ 특수가연물
  - 가스시설(지상노출 탱크) 100톤↑

- 동의대상제외 〈영〉
  - 화재안전기준 적합 : 소화기구, 자동소화장치, 누전경보기, 단독경보형감지기, 가스누설경보기, 피난구조설비(비상조명등X)
  - 증축·용도변경 → 소방시설, 추가설치X
  - 착공신고 대상에 해당하지 않는 특정소방대상물

- 다른법령 〈법〉
  - 인·허가 등 시설기준에 소방시설 등의 설치·유지 등에 관한 사항 포함
  - 행정기관 ⇄ 소방본부장·서장 (적합확인요청 / 7일이내 회신 〈규칙〉)

2. 내진설계 기준 〈법〉
- 의무 : 소방청장 정하는 내진설계기준 설치
- 대상 〈영〉: 옥내소화전 설비, 스프링클러 설비, 물분무등 소화설비

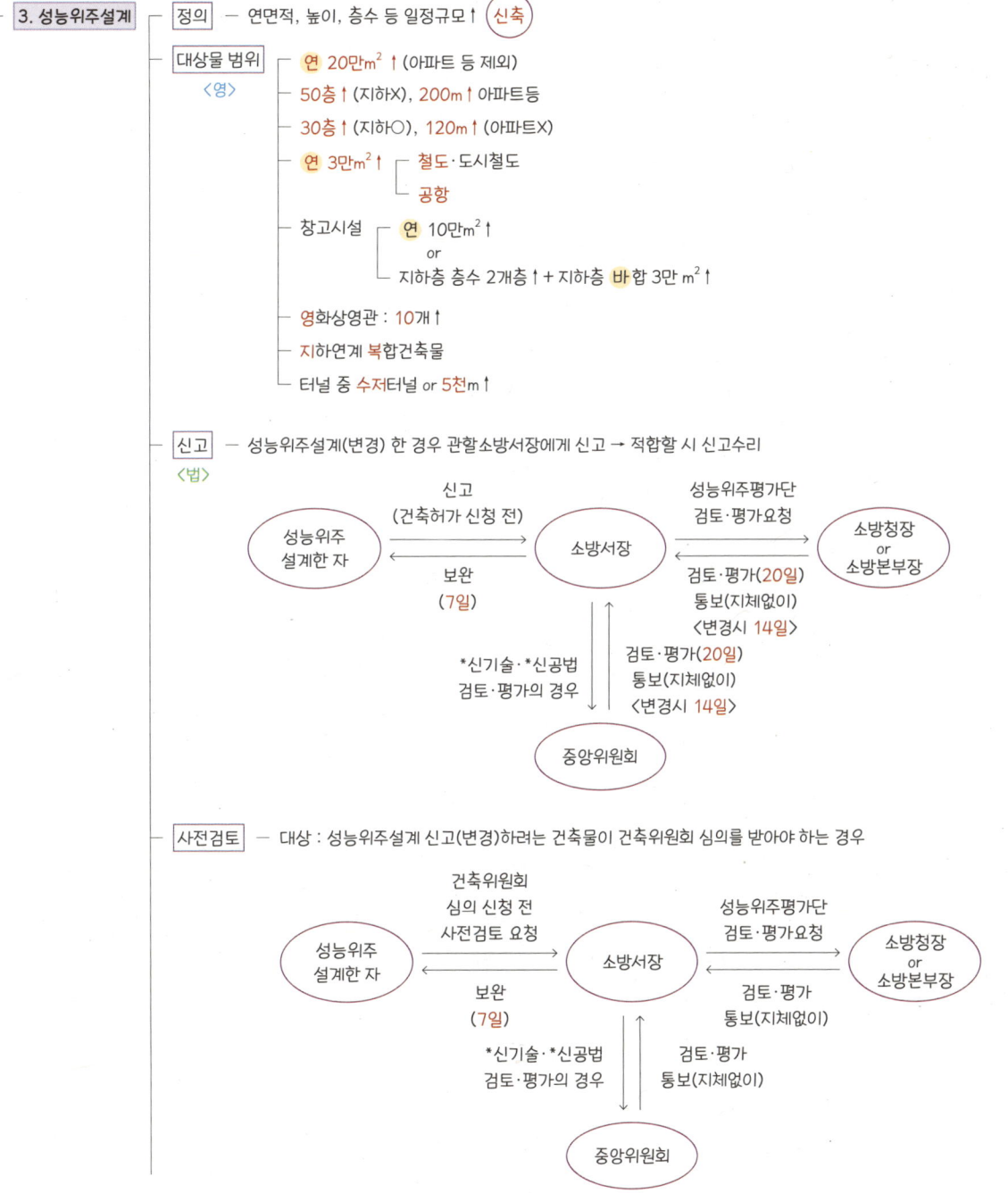

*성능위주설계 신고서 첨부서류

① 설계도서
 ─ 건축물개요
 ─ 부지·도로 설치 계획(소방관 진입동선 포함)
 ─ 화재안전 성능 확보계획
 ─ 성능 평가(화재·피난 모의실험 포함)
 ─ 화재안전성능 비교표
 ─ 건축물 설계도면
 ─ 소방시설 설치 계획, 설계설명서
 ─ 소방시설 설계도면
 ─ 소방시설 전기부하 및 소화펌프등 용량 계산서

② 성능위주설계 할 수 있는 자의 자격·기술인력 확인 서류
③ 성능위주설계 계약서 사본

*사전 검토시 첨부서류

ⓐ 건축물의 개요(위치, 구조, 규모, 용도)
ⓑ 부지 및 도로의 설치 계획(소방차량 진입 동선 포함)
ⓒ 화재안전성능의 확보 계획
ⓓ 화재 및 피난 모의실험 결과
ⓔ 건축물 설계도면
ⓕ 소방시설 설치계획 및 설계 설명서(소방시설 기계·전기 분야의 기본계통도 포함)
ⓖ 성능위주설계를 할 수 있는 자의 자격·기술인력을 확인할 수 있는 서류
ⓗ 성능위주설계 계약서 사본

- 성능위주설계 기준
  - 소방자동차 진입(통로) 동선 및 소방관 진입 경로 확보
  - 화재·피난 모의실험을 통한 화재위험성 및 피난안전성 검증
  - 건축물의 규모와 특성을 고려한 최적의 소방시설 설치
  - 소화수 공급시스템 최적화를 통한 화재피해 최소화 방안 마련
  - 특별피난계단을 포함한 피난경로의 안전성 확보
  - 건축물의 용도별 방화구획의 적정성
  - 침수 등 재난상황을 포함한 지하층 안전확보 방안 마련
  - → 성능위주설계의 세부 기준은 소방청장이 정한다.

- 성능위주설계 평가단 구성·운영
  - 평가단장 1명 포함 50명 ↓
  - 평가단장 – 청장·본부장 임명 (직무수행X 시 평가단장 – 대리자 지정)
  - 평가단원
    - 소방공무원 中
      - 소방기술사, 소방시설관리사
      - 소방설비기사 ↑   + 건축허가동의업무 1년 ↑ + 성능위주설계 교육 이수
      - 건축·소방관련 석사 학위 ↑
    - 건축·소방방재 전문가 中
      - 위원회 위원 or 지방소방기술심의위원회위원
      - 부교수 이상(or 이에 상당한 직) + 화재안전·법령·정책에 전문성
      - 소방기술사, 소방시설관리사
      - 건축계획, 건축구조, 도시계획 종사 + 건축사 or 건축구조기술사
      - 특급감리원 + 현장감리업무 10년
  - 임기 : 2년, 2회 연임 가능
  - 회의 : 평가단장과 6명 ↑ ~ 8명 ↓ (변경신고 : 5명 ↑ 가능)
  - 운영 세부사항 – 소방청장 or 관할 소방본부장
  - 평가단원의 제척·기피·회피 사유
    - 평가단원 또는 그 배우자나 배우자였던 사람이 해당 안건의 당사자(당사자가 법인·단체 등인 경우에는 그 임원을 포함)가 되거나 그 안건의 당사자와 공동권리자 또는 공동의무자인 경우
    - 평가단원이 해당 안건의 당사자와 친족인 경우
    - 평가단원이 해당 안건에 관하여 증언, 진술, 자문, 연구, 용역 또는 감정을 한 경우
    - 평가단원이나 평가단원이 속한 법인·단체 등이 해당 안건의 당사자의 대리인이거나 대리인이었던 경우
  - 평가단원의 해임·해촉 사유 〈결정권자 : 소방청장 또는 관할 소방본부장〉
    - 심신장애로 직무를 수행할 수 없게 된 경우
    - 직무와 관련된 비위사실이 있는 경우
    - 직무태만, 품위손상이나 그 밖의 사유로 평가단원으로 적합하지 않다고 인정되는 경우
    - 제척·기피·회피의 어느 하나에 해당하는데도 불구하고 회피하지 않은 경우
    - 평가단원 스스로 직무를 수행하기 어렵다는 의사를 밝히는 경우

4. 주택에 설치하는 소방시설

- 설치의무자 : **단독**주택, **공동**주택(아파트 및 기숙사X)의 **소유자**
- 주택용 소방시설 : **소화기**, **단독경보형 감지기** <영>
- 국가, 지방자치단체 : 주택용 소방시설 설치, 국민의 자율적 안전관리 촉진 위한 시책 마련
- 설치기준·자율적 안전관리 등 : 시·도조례로 정함

5. 차량용 소화기를 설치하거나 비치해야 하는 자동차

- 5인승 이상의 승용자동차
- 승합자동차
- 화물자동차
- 특수자동차

자동차		설치 또는 비치
승용자동차		능력단위 1 이상의 소화기 **1개** 이상
승합자동차	경형승합자동차	능력단위 1 이상의 소화기 **1개** 이상
	승차정원 15인 이하	능력단위 2 이상인 소화기 **1개** 이상 또는 능력단위 1 이상인 소화기 **2개** 이상 (이 경우 승차정원 11인 이상 승합자동차는 운전석 또는 운전석과 옆으로 나란한 좌석 주위에 1개 이상을 설치한다.)
	승차정원 16인 이상 35인 이하	능력단위 2 이상인 소화기 **2개** 이상 (이 경우 승차정원 23인을 초과하는 승합자동차로서 너비 2.3m를 초과하는 경우에는 운전자 좌석 부근에 가로 **600mm**, 세로 **200mm** 이상의 공간을 확보하고 1개 이상의 소화기를 설치한다.)
	승차정원 36인 이상	능력단위 3 이상인 소화기 **1개** 이상 및 능력단위 2 이상인 소화기 **1개** 이상 (다만, 2층 대형승합자동차의 경우에는 위층 차실에 능력단위 3 이상인 소화기 **1개** 이상을 추가 설치한다.)
화물자동차(피견인자동차는 제외한다.) 및 특수자동차	중형 이하	능력단위 1 이상인 소화기 **1개** 이상
	대형 이상	능력단위 2 이상인 소화기 **1개** 이상 또는 능력단위 1 이상인 소화기 **2개** 이상
지정수량 이상의 위험물 또는 고압가스를 운송하는 특수자동차(피견인자동차를 연결한 경우에는 이를 연결한 견인자동차를 포함한다.)		이동탱크저장소 자동차용소화기의 설치기준란에 해당하는 능력단위와 수량 이상

5. 특정소방대상물에 설치하는 소방시설의 관리 등

관계인 의무
- 소방시설을 화재안전기준에 따라 설치·관리 — **300 과**
- 장애인등이 사용하는 소방시설(**경보설비·피난구조설비**) 적합하게 설치·관리
- 폐쇄차단금지(점검·정비 시 가능 — 소방청장이 행동요령에 관한 지침 마련 & 고시)

폐쇄·차단	5년 이하의 징역 또는 5천만 원 이하의 벌금
상해	7년 이하의 징역 또는 7천만 원 이하의 벌금
사망	10년 이하의 징역 또는 1억 원 이하의 벌금

소방시설정보관리시스템
- 구축·운영 : 소방청장, 소방본부장 또는 소방서장
- 대상
  - ㉠ 문화 및 집회시설
  - ㉡ 종교시설
  - ㉢ 판매시설
  - ㉣ 의료시설
  - ㉤ 노유자시설
  - ㉥ 숙박이 가능한 수련시설
  - ㉦ 숙박시설
  - ㉧ 업무시설
  - ㉨ 공장, 창고시설
  - ㉩ 위험물 저장 및 처리 시설
  - ㉪ 지하가 및 지하구
  - ㉫ 기타 소방청장, 소방본부장 또는 소방서장이 소방안전관리의 취약성과 화재위험성 등을 고려하여 필요하다고 인정하는 대상

- 소방시설정비 등
  - 소방시설 정할 시 규모·용도·수용인원·이용자특성 고려
  - 소방청장
    - 소방시설규정 3년 1회↑ 정비
    - 변화추세 연구, 개선방안 마련
      - 행

- 특정소방 대상물에 설치·관리 해야 하는 소방시설 — 대

기출

수용인원 산정 〈영〉

NO	내용			비고
1	숙박시설○	침대○	종사자 수 + 침대 수(2인 침대 : 2)	· 바닥면적 산정할 때에는 복도 (준불연재료↑, 바닥~천장 벽으로 구획한 것)계단 및 화장실 포함 →X · 소수점 이하 : 반올림
		침대X	종사자 수 + (바닥면적 합 ÷ 3m²)	
2	강의실·교무실·상담실·실습실·휴게실		바닥면적 합 ÷ 1.9m²	
3	강당, 문화 및 집회시설, 종교시설		바닥면적 합 ÷ 4.6m²	
			관람석○ 고정식 의자 : 의자 수, 긴 의자 : 의자의 정면너비 ÷ 0.45m²	
4	그 외		바닥면적 합 ÷ 3m²	

※ 설치·관리해야 하는 소방시설 종류 ※

① 소화설비
  - 소화기구
    - 연 33m²↑ (노유자 : 투척용 소화용구 = 소화기 수량 $\frac{1}{2}$↑)
    - 가스시설, 전기저장시설, 국가유산
    - 터널
    - 지하구
  - 자동소화장치
    - 주거용 주방 : 아파트 등, 오피스텔 모든 층
    - 상업용 주방 : 대규모점포 입점 일반음식점, 집단급식소
    - 캐비닛형, 가스. 분말, 고체에어로졸 : 화재안전기준
  - 옥내소화전 설비
    - 연 3천m²↑ or 지하·무창층 or 4층↑ 바 600m²↑ 有 모든 층
    - 근린생활시설, 판매시설, 운수시설, 의료시설, 노유자시설, 업무시설, 숙박시설, 위락시설, 공장, 창고시설, 항공기 및 자동차 관련 시설, 교정 및 군사시설 중 국방·군사시설, 방송통신시설, 발전시설, 장례시설 또는 복합건축물
    - → 연 1천 5백m²↑ or 지하·무창층 or 4층↑ 바 300m²↑ 有 모든 층
    - 차고, 주차장 : 200m²↑
    - 1천m↑ 터널 행 으로 정하는 터널
    - 공장·창고 : 특수가연물 750배↑

기출 ✏️

- **스프링클러설비**
  - 6층↑ 모든 층
  - 문화·집회·종교·운동 모든 층
    - 수용인원 100명↑
    - 영화상영관 ─ 지하·무창 : 바500m²↑
                 └ 그 외 바1천m²↑
    - 무대부·지하·무창 or 4층↑ → 무대부 300m²↑ 그 외 500m²↑
  - 기숙사·복합 : 연5천m²↑
  - 판매, 운수, 창고 ─ 바합 5천m²↑ or 수용인원 500명↑ 모든 층
  - 바합 600m²↑ 모든 층 ─ 의료 中(정신의료기관, 종합병원, 병원, 치과병원, 한방병원, 요양병원), 근린 中(조산원, 산후조리원)
                         ├ 노유자 시설, 숙박○ 수련시설
                         └ 숙박시설
  - 창고시설 바합 5천m²↑ 모든 층(물류 제외)
  - 천장·반자 10m 초과 랙식 창고 : 바합 1천5백m²↑ 인 경우에는 모든 층
  - 공장·창고 ─ 1천배↑ 특수가연물
              └ 중·저준위방사성폐기물의 저장시설 中 소화수를 수집·처리 설비有
  - 지붕·외벽 불연재료X ─ 창고 바합 2천5백m²↑ or 250명↑ 모든 층(물류 한정), 바합 2천5백m²↑ (물류 제외)
    or 내화구조X   ├ 지하·무창 or 4층↑ 바500m²↑ 모든 층
    공장·창고   ├ 랙식 바750m²↑ 모든 층
                        └ 500배↑ 특수가연물
  - 지하층·무창층(축사 제외)
    or   } + 바1천m²↑ 모든 층
    층수가 4층 이상인 층
  - 지하가 : 연 1천m²↑
  - 교정·군사시설
  - 전기저장시설
  - 특정소방대상물 부속 보일러실 or 연결통로

- **간이스프링클러**
  - 공동주택 중 연립주택 및 다세대주택(주택전용 간이스프링클러설비)
  - 근린생활시설 바합 1천m²↑ 모든 층, 의원 中 입원실 有 시설, 조산원·산후조리원 : 연 600m² 미만
  - 의료시설 ─ 병원 바합 600m² 미만(의료재활시설 제외)
            ├ 정신의료기관, 의료재활시설 바합 300m²↑ ~ 600m² 미만
            └ 정신의료기관, 의료재활시설 바합 300m² 미만 + 창살

- 자동화재탐지설비
  - 공동주택 중 아파트 등·기숙사, 숙박시설
  - 6층↑
  - 근린, 의료, 위락, 장례, 복합건축물 연 600m²↑ 모든 층(목욕장, 정신의료, 요양병원 제외)
  - 근린 中 목욕장, 문화집회, 종교, 판매, 운수, 운동, 업무, 공장, 창고, 위험물, 항공기 및 자동차, 국방, 방송통신, 발전, 관광 휴게, 지하가(터널X) : 연1천m²↑ 인 모든 층
  - 노유자 생활시설
  - 노유자 생활시설 해당X, 노유자시설 400m²↑, 숙박 有 수련시설 수용인원 100명↑ 모든 층
  - 의료시설
    - 요양병원
    - 정신의료, 의료재활 바 합 300m²↑
    - 정신의료, 의료재활 바 합 300m² 미만 + 창살
  - 전통시장
  - 터널 1천m↑
  - 지하구
  - 조산원·산후조리원
  - 공장·창고 : 수량 500배↑ : 특수가연물
  - 전기저장시설
  - 교육연구시설, 수련시설, 동·식물관련시설, 자원순환관련시설, 교정군사시설, 묘지관련 : 연 2천m²↑

- 자동화재속보설비
  - 노유자생활시설
  - 노유자시설 바 500m²↑ 층 有
  - 숙박 有 수련시설 바 500m²↑ 층 有
  - 보물·국보 지정된 목조건축물
  - 근린생활시설
    - 의원 등 입원실 有
    - 조산원·산후조리원
  - 의료시설
    - 병원 등 (의료재활X)
    - 정신·의료재활 바 합 500m²↑ 층 有
  - 전통시장

- 단독경보형감지기
  - 교육연구, 수련 內 합숙소, 기숙사 : 연 2천m² 미만
  - 숙박시설 有 수련시설(100명 미만 – 자동화재탐지설비 설치대상 x)
  - 연 400m² 미만 유치원
  - 공동주택 중 연립주택 및 다세대주택(연동형으로 설치)

- 시각경보기
  - 근린·문화집회, 종교·판매, 운수, 의료, 노유자 시설
  - 운동, 업무, 숙박, 위락, 물류터미널, 발전시설, 장례시설
  - 도서관, 방송국, 지하상가

  } 자탐 설치 해당

─ 가스누설경보기 ─ 판매, 문화집회, 종교, 운수, 의료, 노유자 시설
   (근린, 위락X)   └ 수련, 운동, 숙박, 물류터미널, 장례시설

─ 통합감시시설 ─ 지하구

③ 피난구조설비 ─ 피난기구 ─ 특정소방대상물 모든 층
                         └ 피난층, 지상 1 or 2 층, 11층↑인 층, 가스시설, 터널, 지하구 – 제외

              ─ 인명구조기구 ─ 모두설치 : 지하 포함 7층↑ 관광호텔
                           ├ 인공소생기X : 지하 포함 5층↑ 병원
                           └ 공기호흡기만 설치 ─ 영화상영관 100명↑
                                            ├ 대규모 점포
                                            ├ 지하역사
                                            ├ 지하상가
                                            └ CO_2소화설비(호스릴 제외) 설치하는 특정소방대상물

              ─ 유도등 ─ 피난구유도등, 통로유도등, 유도표지 제외 – 터널, 축사
                      ├ 객석유도등 ─ 유흥주점영업시설, 문화 및 집회시설
                      │   └ 종교시설, 운동시설
                      └ 피난유도선 : 화재안전기준으로 정하는 곳

              ─ 비상조명등 ─ 지하 포함하는 5층↑ 건축물로 연3천m^2↑ 모든 층 ──→ 제외 ─ 창고·하역장
                         ├ 지하 or 무창 바450m^2↑ 해당 층   ├ 가스시설
                         └ 터널 500m↑   └ 사람X, 벽X, 동·식물관련시설

              ─ 휴대용 비상조명등 ─ 숙박시설
                               └ 영화상영관 100명↑, 대규모 점포, 지하역사, 지하상가

④ 소화용수설비 ─ 상수도소화용수설비
             (대지 경계선 180m↓ 지름 75mm↑인 상수도배수관 설치X : 화재안전기준 소화수조, 저수조 설치)
             ├ 연 5천m^2↑ (가스, 터널 또는 지하구X)
             ├ 지상 노출 탱크 합100톤↑
             └ 폐기물재활용, 폐기물처분시설

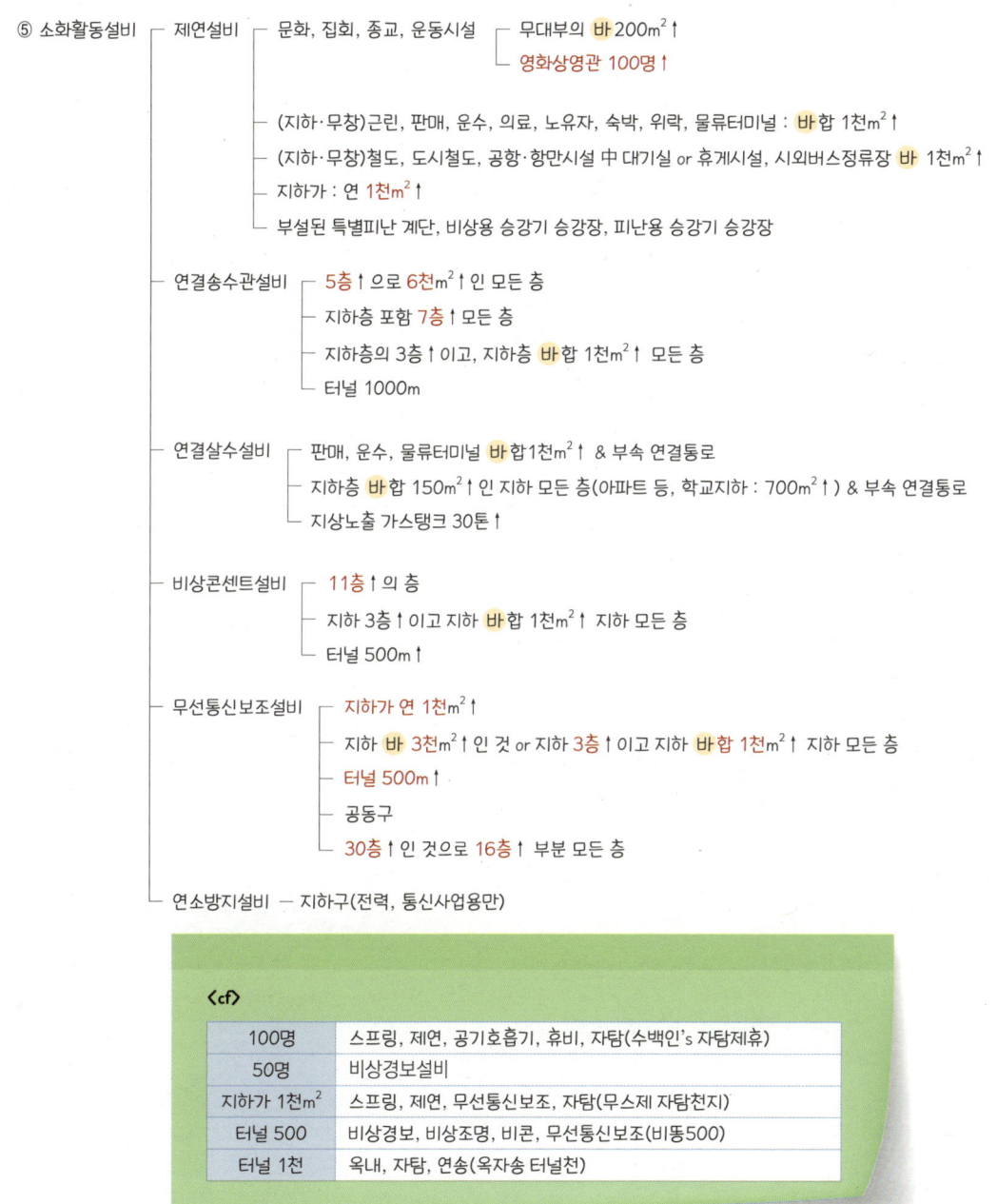

지하가(터널 제외)의 연면적에 따른 설치 소화설비	
연면적 1,000m² 이상	스프링클러설비, 제연설비, 무선통신보조설비, 자동화재탐지설비

층 수	
5층 이상	비상조명등, 연결송수관설비, (방열복, 방화복, 공기호흡기 – 병원)
6층 이상	스프링클러설비, 자동화재탐지설비
7층 이상	연결송수관설비, (방열복, 방화복, 인공소생기, 공기호흡기 – 관광호텔)
11층 이상	비상방송설비, 비상콘센트설비(11층 이상 부분)
30층 이상인 것으로서 16층 이상 부분의 모든 층	무선통신보조설비

전기저장시설	소화기구
	스프링클러설비
	자동화재탐지설비

6. 소방시설기준 적용의 특례

- 화재안전기준 강화
  - 소방본부장·서장 : 기존 소방시설 → 변경전 적용
  - 예외 — 강화된 기준
    - 소화기구, 비상경보설비, 자동화재탐지설비, 자동화재속보설비, 피난구조설비
    - 전력·통신사업용 지하구 – 소화기, 자동소화장치, 자동화재탐지설비, 통합감시시설, 유도등 및 연소방지설비
    - 공동구 – 소화기, 자동소화장치, 자동화재탐지설비, 통합감시시설, 유도등 및 연소방지설비
    - 노유자시설 – 간이스프링클러설비, 자동화재탐지설비 및 단독경보형 감지기
    - 의료시설 – 스프링클러설비, 간이스프링클러설비, 자동화재탐지설비 및 자동화재속보설비   〈영〉

- 증축
  - 원칙 : 증축당시(기존 부분 포함 전체)
  - 예외 : 변경 전(기존 부분)
    - 내화구조
    - 자동방화셔터 or 60분 + 방화문으로 구획
    - 위험 낮은 특정소방대상물 내부에 연 33m²↓ 직원휴게실 증축
    - 위험 낮은 특정소방대상물에 캐노피 설치

- 용도변경
  - 원칙 : 용도변경 당시(용도변경되는 부분)
  - 예외 : 변경 전(전체)
    - 화재연소 확대 원인이 적어짐 or 피난, 화재진압 활동이 쉬워짐
    - 고정된 가연성 물질의 양이 줄어든 경우 〈영〉
- 소방시설 설치 면제 〈영〉

설치가 면제되는 소방시설	설치가 면제되는 기준
1. 자동소화장치	물분무등소화설비 적합 설치
2. 옥내소화전설비	소방본부장 또는 소방서장이 인정하는 경우 – 호스릴 방식의 미분무소화설비 또는 옥외소화전설비 적합 설치
3. 스프링클러설비	가. 자동소화장치 또는 물분무등소화설비 적합 설치 나. 전기저장시설에 소화설비를 적합 설치
4. 간이스프링클러 설비	스프링클러설비, 물분무소화설비 또는 미분무소화설비 적합 설치
5. 물분무등소화설비	차고·주차장에 스프링클러설비 적합 설치
6. 옥외소화전설비	문화유산 목조건축물에 상수도소화용수설비 적합 설치
7. 비상경보설비	단독경보형 감지기를 2개 이상의 단독경보형 감지기와 연동하여 설치
8. 비상경보설비 또는 단독경보형 감지기	자동화재탐지설비 또는 화재알림설비 적합 설치
9. 자동화재탐지설비	자탐기능 – 화재알림설비, 스프링클러설비 또는 물분무등소화설비 적합 설치
10. 화재알림설비	자동화재탐지설비 적합 설치
11. 비상방송설비	자동화재탐지설비 또는 비상경보설비와 같은 수준 이상의 음향을 발하는 장치를 부설한 방송설비 적합 설치
12. 자동화재속보설비	화재알림설비 적합 설치
13. 누전경보기	아크경보기 또는 지락차단장치 적합 설치
14. 피난구조설비	피난상 지장이 없다고 인정되는 경우
15. 비상조명등	피난구유도등 또는 통로유도등 적합 설치
16. 상수도소화용수 설비	가. 수평거리 140m 이내에 소화전 적합 설치 나. 소방본부장 또는 소방서장이 인정하는 경우 – 소화수조 또는 저수조 적합 설치
17. 제연설비	가. 공기조화설비 적합 설치하고, 공기조화설비가 화재 시 제연설비기능으로 자동전환되는 구조로 설치 나. 배출구의 면적의 합계가 해당 제연구역 바닥면적의 100분의 1 이상, 수평거리가 30m 이내이며, 공기유입구가 적합 설치 다. 노대와 연결된 특별피난계단, 노대가 설치된 비상용 승강기의 승강장 또는 배연설비가 설치된 피난용 승강기의 승강장
18. 연결송수관설비	옥외에 연결송수구 및 옥내에 방수구가 부설된 옥내소화전설비, 스프링클러설비, 간이스프링클러설비 또는 연결살수설비 적합 설치 (다만, 지표면에서 최상층 방수구의 높이가 70m 이상인 경우에는 설치해야 한다.)
19. 연결살수설비	가. 송수구를 부설한 스프링클러설비, 간이스프링클러설비, 물분무소화설비 또는 미분무소화설비 적합 설치 나. 물분무장치 등에 소방대가 사용할 수 있는 연결송수구가 설치되거나 물분무장치 등에 6시간 이상 공급할 수 있는 수원이 확보된 경우
20. 무선통신보조설비	이동통신 구내 중계기 선로설비 또는 무선이동중계기 등을 적합 설치
21. 연소방지설비	스프링클러설비, 물분무소화설비 또는 미분무소화설비 적합 설치

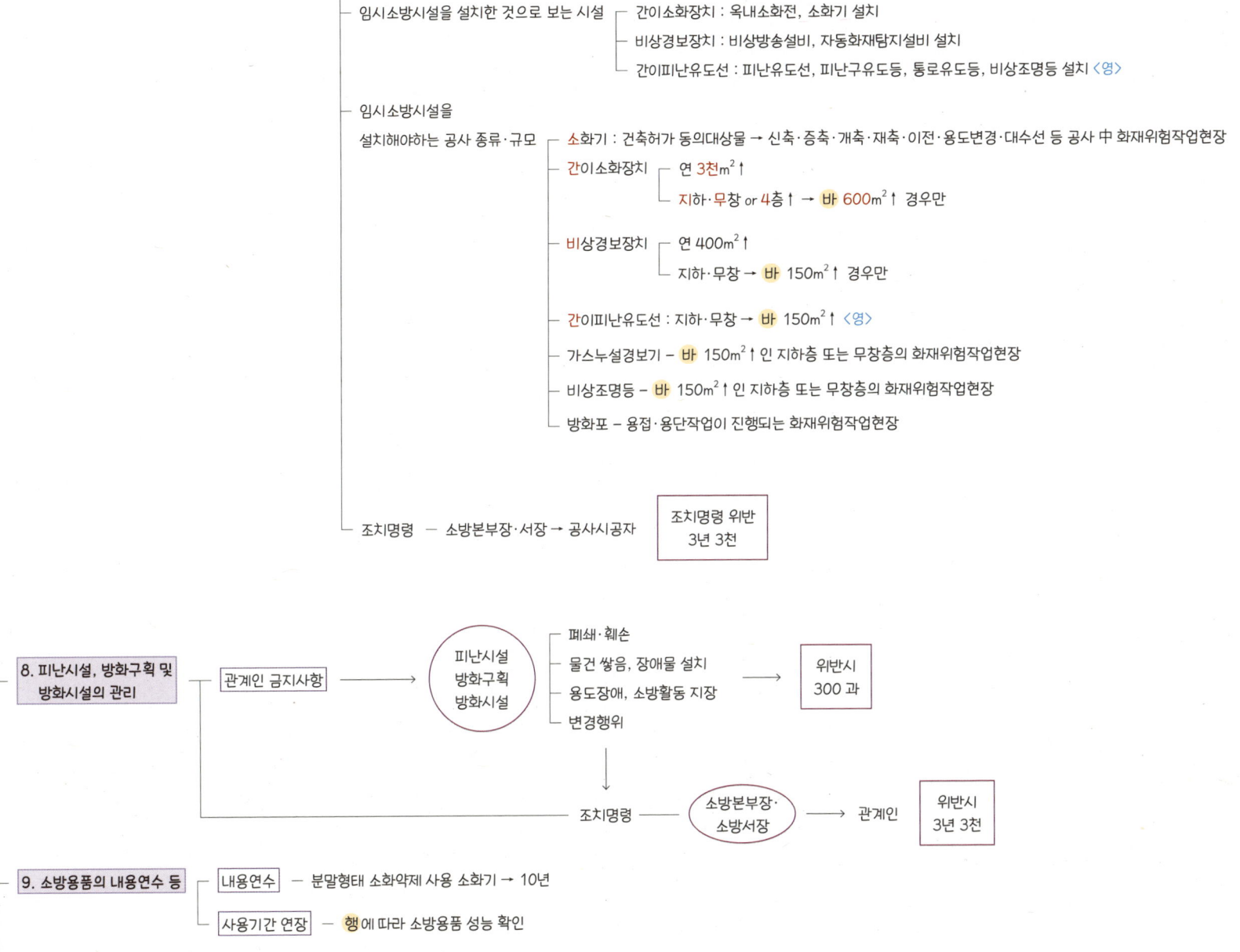

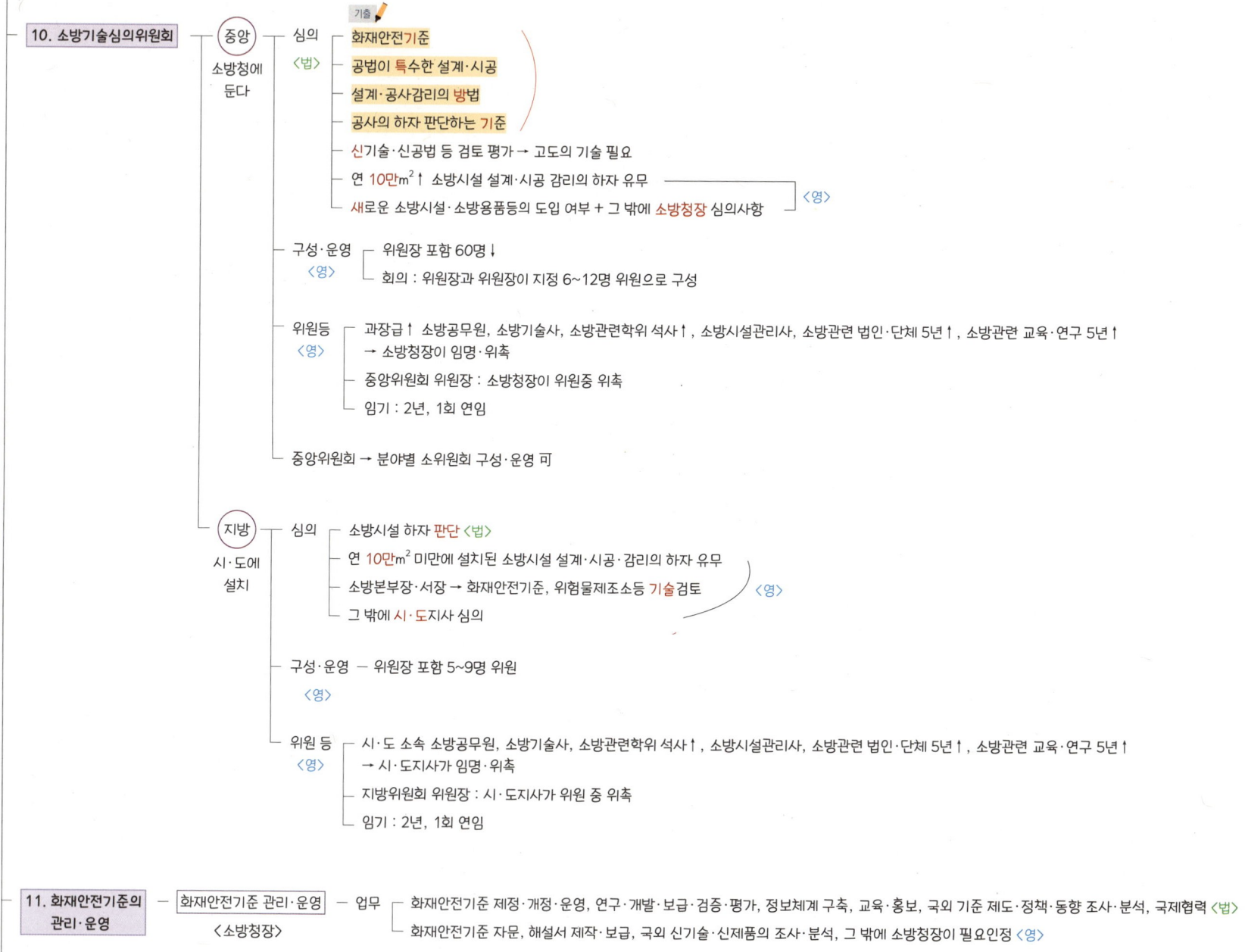

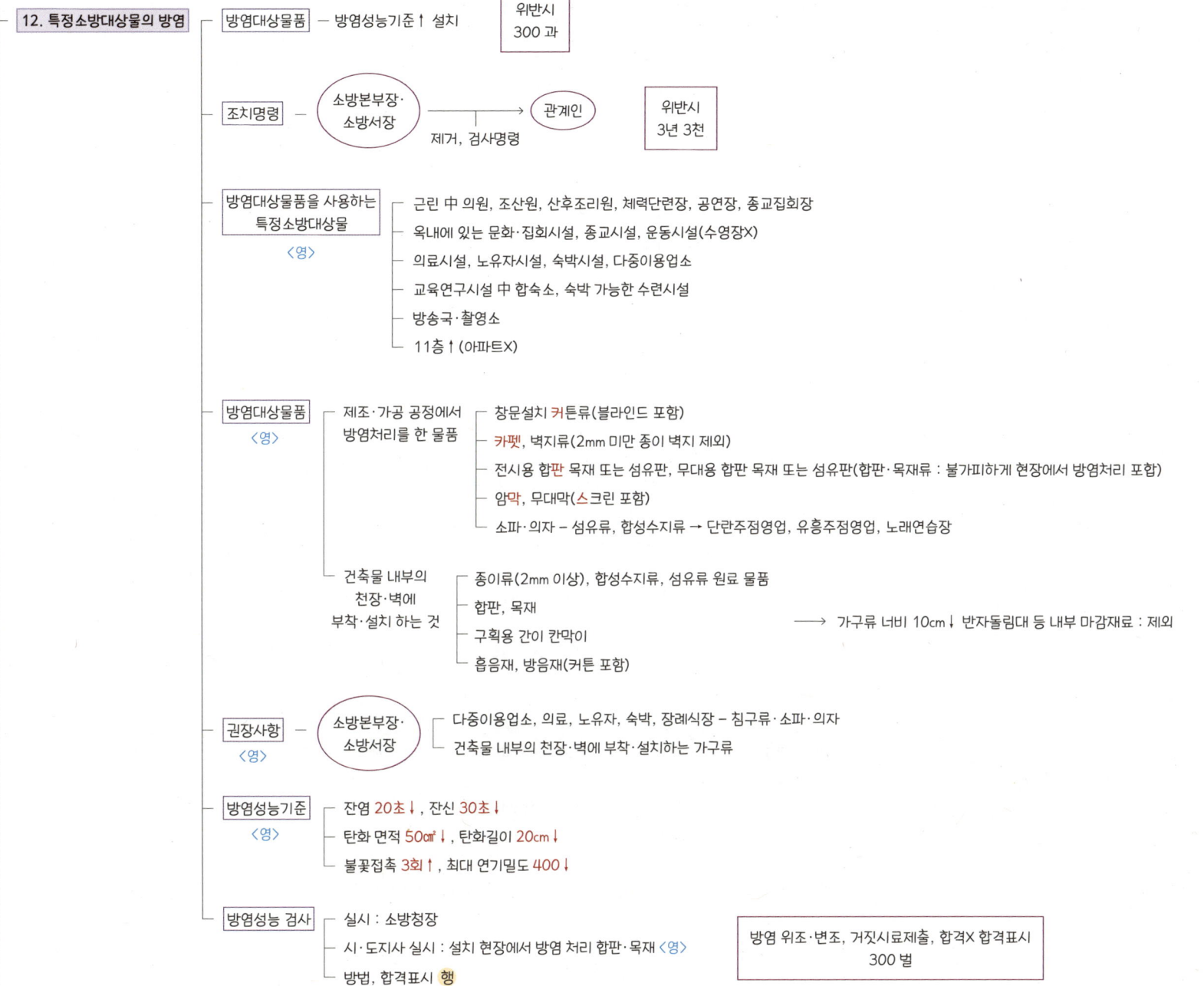

```
                    ┌ 대상 : 특정소방대상물
                    │
                    ├ 제외대상 ┬ 소방안전관리자 선임X 대상물
                    │         ├ 위험물 제조소 등
                    │         └ 특급소방안전관리대상물
          ⟨규칙⟩ ─┤
                    └ 횟수 및 시기 : 연1회↑ 실시 ┬ 종합점검 대상물 : 종합점검 받은 달부터 6개월 되는 달 실시
                                                  └ 그 밖에 : 사용승인일이 속하는 달의 말일까지 실시


          ┌ 공공기관 ┬ 외관점검 ┬ 점검: 공공기관의 장 – 맨눈·신체감각 이용
          │         │         ├ 횟수: 월 1회↑ (작동·종합점검 실시한 달은X)
          │         │         └ 점검자: 관계인, 소방안전관리자, 소방시설관리업자
          │         ├ 전기시설물 : 사용전 검사
          │         └ 가스시설 : 가스 관련법 따라 검사


          ┌ 공동주택 세대별 ┬ 모든세대 : 2년↓ 전수점검(원격점검 가능시 – 수신기에서 전세대 원격점검)
          │  (아파트 등)   ├ 수신기 원격점검X ┬ 작동점검만 실시 : 1회마다 50퍼센트↑ 실시
          │                │                └ 종합점검 실시 : 1회마다 30퍼센트↑ 실시
          │                └ 2년간 보관


          └ 점검능력 1단위 ┬ ※ 관리업자가 점검하는 경우
                          │   ┌─────────────────────────────────────────┐
                          │   │ · 소방시설관리사 or 특급점검자 1명 + 보조 2명       │
                          │   │ · 보조 2명(같은 건축물 4명) 이내 추가 가능          │
                          │   └─────────────────────────────────────────┘
                          │
                          ├ ※ 소방안전관리자로 선임된 소방시설관리사 및 소방기술사가 점검하는 경우
                          │   ┌──────────────────────────────────────────────────┐
                          │   │ · 소방시설관리사 or 소방기술사 중 1명 + 보조 2명              │
                          │   │ · 보조 2명 이내 추가 가능 (보조 – 관계인 또는 소방안전관리보조자 가능) │
                          │   └──────────────────────────────────────────────────┘
                          │
                          └ ※ 관계인 또는 소방안전관리자가 점검하는 경우
                              ┌─────────────────────────────────────────┐
                              │ · 관계인 or 소방안전관리자 1명 + 보조 2명           │
                              │ · 보조 – 관리자, 점유자 or 소방안전관리보조자 가능    │
                              └─────────────────────────────────────────┘
```

― 점검인력의 배치기준 (관리업자가 점검하는 경우)

구분	주된 기술인력	보조 기술인력
㉠ 50층 이상 또는 성능위주설계를 한 특정소방대상물	소방시설관리사 경력 5년 이상 1명 이상	고급점검자 이상 1명 이상 및 중급점검자 이상 1명 이상
㉡ 특급 소방안전관리대상물(㉠의 특정소방대상물은 제외한다)	소방시설관리사 경력 3년 이상 1명 이상	고급점검자 이상 1명 이상 및 초급점검자 이상 1명 이상
㉢ 1급 또는 2급 소방안전관리대상물	소방시설관리사 1명 이상	중급점검자 이상 1명 이상 및 초급점검자 이상 1명 이상
㉣ 3급 소방안전관리대상물	소방시설관리사 1명 이상	초급점검자 이상의 기술인력 2명 이상

〈㉣에는 주된 기술인력으로 특급점검자를 배치할 수 있다.〉

― 점검인력 1단위가 하루 동안 점검할 수 있는 특정소방대상물의 연면적(이하 "점검한도 면적")

점검구분	점검한도 면적	보조인력 1명 추가 시 마다
종합점검	8,000m^2	2,000m^2
작동점검	10,000m^2	2,500m^2

└ 아파트등의 점검 – 점검인력 1단위가 하루 동안 점검할 수 있는 아파트등의 세대수("점검한도 세대수")

점검구분	점검한도 세대수	보조인력 1명 추가 시 마다
종합점검 및 작동점검	250세대	60세대

― 배치통보 ― 관리업자는 점검 끝난 날부터 5일 이내 위탁받은 법인·단체에 통보 〈규칙〉
　　　　　　　　　　　　　　　　　　　　　　　　　　　(평가기관)

― 점검 대가 ― 엔지니어링사업 대가 기준 中 행으로 정함
　〈법〉　　　　　　　　　　└→ 실비정액가산방식

― 소방청장 ― 표준자체점검비 정해 공표하여 활용 권고(공표 방법 등 : 소방청장 고시)
　〈법〉

― 면제 or 연기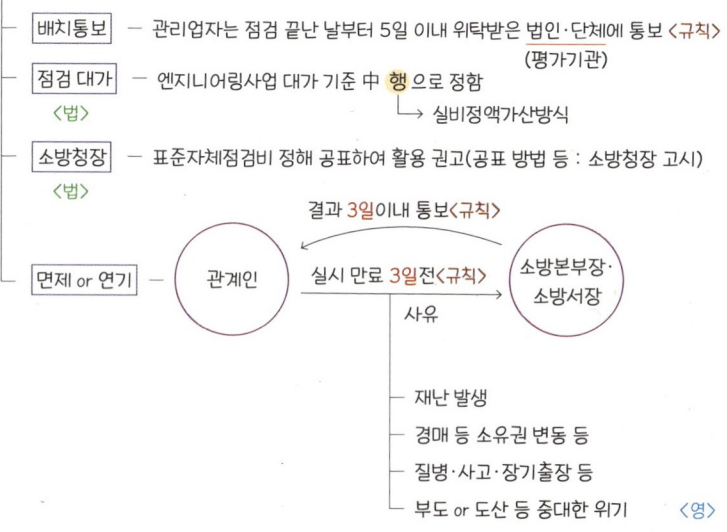
  - 재난 발생
  - 경매 등 소유권 변동 등
  - 질병·사고·장기출장 등
  - 부도 or 도산 등 중대한 위기   〈영〉

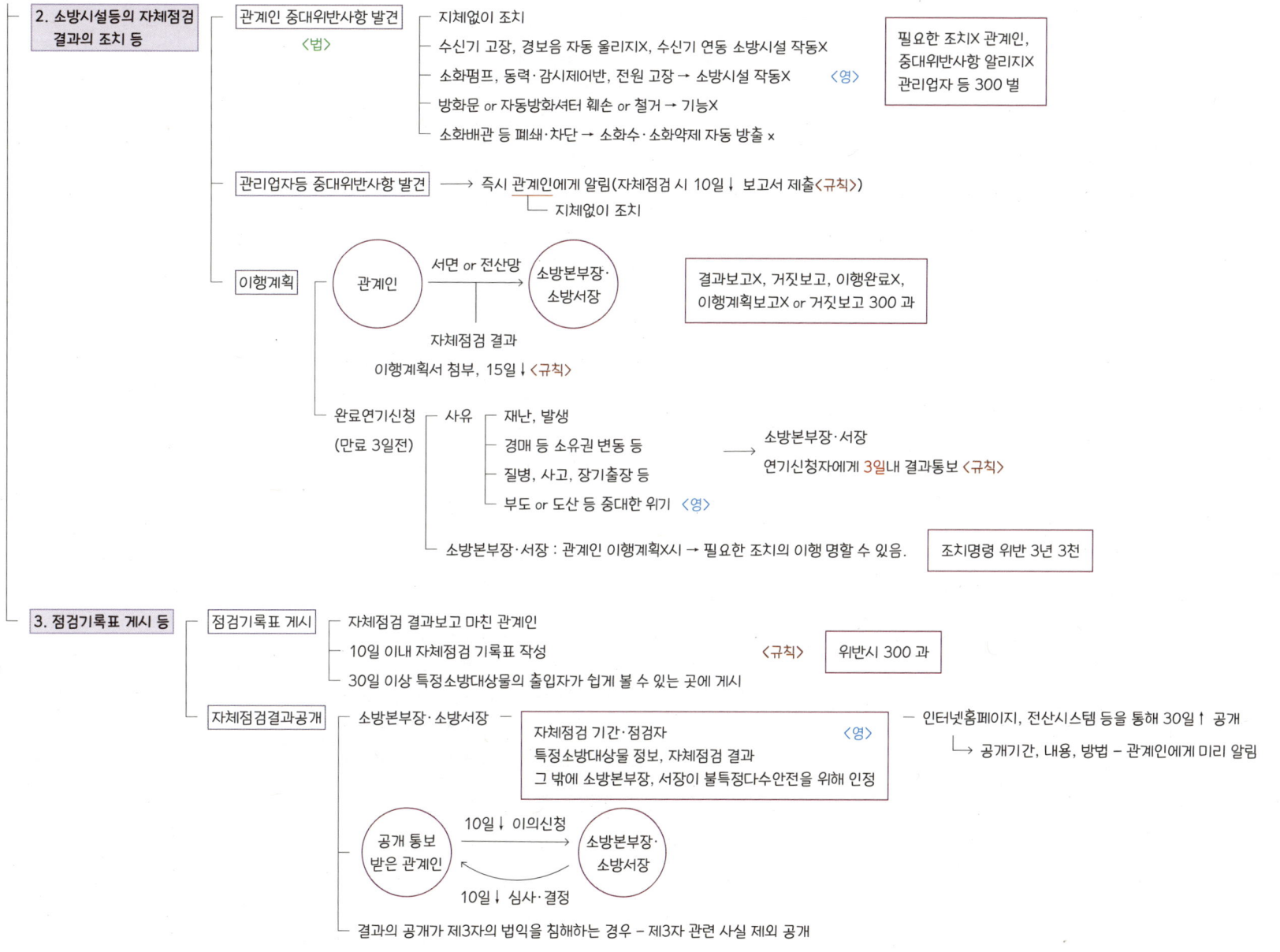

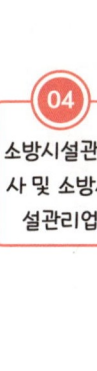

04 소방시설관리사 및 소방시설관리업

- 1. 소방시설관리사
  - 소방시설관리사
    - 시험실시 : 소방청장
    - 응시자격, 시험방법, 시험과목 : 대통령령
    - 소방시설관리사증 발급 : 소방청장 행
    - 재발급 : 행
    - 관리사증 대여금지, 이중취업금지, 성실업무수행 → 위반 1년, 1천 벌금
  - 시험
    - 응시자격 〈영〉
      - ① 소방기술사·위험물기능장·건축사·건축기계설비기술사·건축전기설비기술사·공조냉동기계기술사
      - ② 소방설비기사 + 2년↑ 실무경력
      - ③ 소방설비산업기사 + 3년↑ 실무경력
      - ④ 이공계분야 전공 + 박사학위
      - ⑤ 이공계분야 전공 + 석사학위 + 2년↑ 실무경력
      - ⑥ 이공계분야 전공 + 학사학위 + 3년↑ 실무경력
      - ⑦ 소방안전공학(소방방재공학, 안전공학 포함) 전공 + 석사학위↑
      - ⑧ 소방안전공학(소방방재공학, 안전공학 포함) 전공 + 2년↑ 실무경력
      - ⑨ 위험물산업기사 or 위험물기능사 + 3년↑ 실무경력
      - ⑩ 소방공무원 5년↑ 근무
      - ⑪ 소방안전 관련 학과의 학사학위 + 3년↑ 실무경력
      - ⑫ 산업안전기사 + 3년↑ 실무경력
      - ⑬ 특급 소방안전관리자 + 2년↑ 실무경력
      - ⑭ 1급 소방안전관리자 + 3년↑ 실무경력
      - ⑮ 2급 소방안전관리자 + 5년↑ 실무경력
      - ⑯ 3급 소방안전관리자 + 7년↑ 실무경력
      - ⑰ 10년↑ 실무경력
    - 시험방법 〈영〉
      - 1차 : 선택형, 2차 : 논문형(기입형 포함)
      - 1차 합격시 다음 회 1차 면제
    - 과목 〈영〉
      - 제1차
        - 소방안전관리론 및 화재역학
        - 소방수리학, 약제화학, 소방전기
        - 소방관련법령
          - 「소방기본법」, 같은 법 시행령 및 같은 법 시행규칙
          - 「소방시설공사업법」, 같은 법 시행령 및 같은 법 시행규칙
          - 「소방시설 설치 및 관리에 관한 법률」, 같은 법 시행령 및 같은 법 시행규칙
          - 「화재의 예방 및 안전관리에 관한 법률」, 같은 법 시행령 및 같은 법 시행규칙
          - 「위험물안전관리법」, 같은 법 시행령 및 같은 법 시행규칙
          - 「다중이용업소의 안전관리에 관한 특별법」, 같은 법 시행령 및 같은 법 시행규칙
        - 위험물 성질·상태 및 시설기준
        - 소방시설 구조·원리

- 등록기준

업종별 \ 기술인력 등	기술인력	영업범위
전문 소방시설관리업 (기출)	가. 주된 기술인력 1) 소방시설관리사 자격을 취득한 후 소방 관련 실무경력이 5년 이상인 사람 1명 이상 2) 소방시설관리사 자격을 취득한 후 소방 관련 실무경력이 3년 이상인 사람 1명 이상 나. 보조 기술인력 1) 고급점검자 이상의 기술인력 : 2명 이상 2) 중급점검자 이상의 기술인력 : 2명 이상 3) 초급점검자 이상의 기술인력 : 2명 이상	모든 특정소방대상물
일반 소방시설관리업	가. 주된 기술인력: 소방시설관리사 자격을 취득한 후 소방 관련 실무경력이 1년 이상인 사람 1명 이상 나. 보조 기술인력 1) 중급점검자 이상의 기술인력 : 1명 이상 2) 초급점검자 이상의 기술인력 : 1명 이상	1급, 2급, 3급 소방안전관리대상물

〈비고〉
1. "소방 관련 실무경력"이란 「소방시설공사업법」에 따른 소방기술과 관련된 경력을 말한다.
2. 보조 기술인력의 종류별 자격은 「소방시설공사업법」에 따라 소방기술과 관련된 자격·학력 및 경력을 가진 사람 중에서 행정안전부령으로 정한다.

- 시·도의 공보에 공고 — 등록증 발급, 등록취소(영업정지 – X)
- 등록증·등록수첩 반납 — 재교부, 등록취소, 관리업 폐업(휴업 – X)
  〈규칙〉
- 등록 결격사유
  - 피성년후견인
  - 실형선고 + 집행종료, 집행 면제된 날 → 2년이 지나지X
  - 집행유예 + 그 유예기간
  - 등록 취소 + 2년이 지나지X
  - 법인임원 → 결격사유

- 등록변경신고 〈규칙〉
  변경일부터 30일 이내
  관리업자 ⇄ 시·도지사
  교부(회신) 5일
  → 중요사항 변경 – 명칭·상호, 영업소소재지, 대표자, 기술인력

- 지위승계
  - 사유
    - 관리업자가 사망 or 양도 → 양수인, 상속인 → 결격사유 3개월 미적용
    - 법인합병 → 합병후 존속, 설립되는 법인
    - 경매, 환가, 매각 → 시설, 장비 전부인수
  - 신고 〈규칙〉
    30일 이내
    지위승계한 자 ⇄ 시·도지사
    새로발급

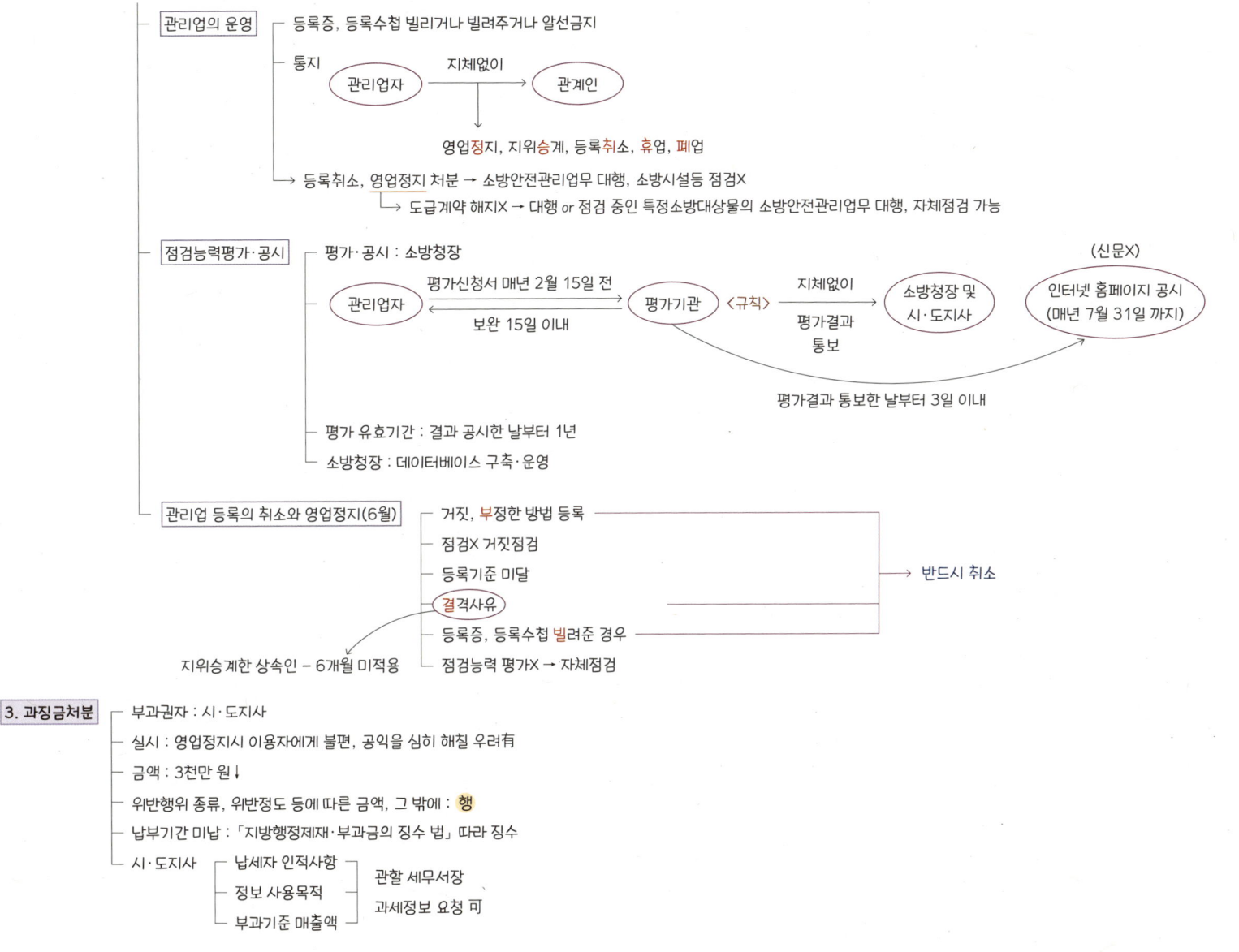

05 소방용품 품질관리

1. 소방용품 형식승인 등

형식승인 대상 〈영〉 "상업용 주방자동소화 장치 제외"

- 소화설비
  - 소화기구(소화약제 외 간이소화용구 제외)
  - 자동소화장치(상업용 주방자동소화장치 제외)
  - 소화전, 관창, 소방호스, 스프링클러헤드, 기동용 수압개폐장치, 유수제어밸브, 가스관선택밸브

- 경보설비
  - 누전경보기, 가스누설경보기
  - 발신기, 수신기, 중계기, 감지기, 음향장치(경종만)

- 피난구조설비
  - 피난사다리, 구조대, 완강기(지지대 포함), 간이완강기(지지대 포함)
  - 공기호흡기(충전기 포함)
  - 피난구유도등, 통로유도등, 객석유도등, 예비 전원이 내장된 비상조명등

- 소화용
  - 소화약제
    - 자동소화장치(상업용주방, 캐비닛)
    - 포, 이산화탄소, 할론, 할로겐화합물 및 불활성기체, 분말, 강화액, 고체에어로졸소화설비
  - 방염제(방염액·방염도료, 방염성물질)

형식승인

소방용품 제조·수입자 → 받아야 → 형식승인〈소방청장〉 → 받아야 → 제품검사〈소방청장〉 → 합격표시 → 판매

소방용품 제조·수입자 → 받을 수 → 성능인증〈소방청장〉 → 받아야 → 제품검사〈소방청장〉 → 합격표시 → 판매

- 형식승인 방법·절차 등 : 행
- 형상등 형식승인, 제품검사 기술기준 : 소방청장 고시
- 판매, 진열, 시공제한
  - 형식승인을 받지X, 형상 등 임의변경, 제품검사X, 합격표시X
  - 조치명령 : 소방청장, 본부장, 서장 → 제조자·수입자·판매자·시공자
    - 수거·폐기, 교체 등 명령
  - **조치명령 위반 3년 3천**
- 신기술, 외국 공인기관 신기술 : 다른방법절차, 일부 형식승인 생략가능
- 공인기관 평가 有, 형식승인 제품검사 일부만 적용
  - 군수품
  - 주한외국공관, 주한외국군 부대 소방용품
  - 외국의 차관, 협약에 따른 건설공사 → 사전 합의된 것
- 하나의 소방용품 – 형식승인 성능인증 함께 실시, 하나의 형식승인

형식승인 변경
- 형상등 일부 변경
- 승인 : 소방청장
- 대상·구분·방법·절차 등 : 행

변경승인X 1년 1천

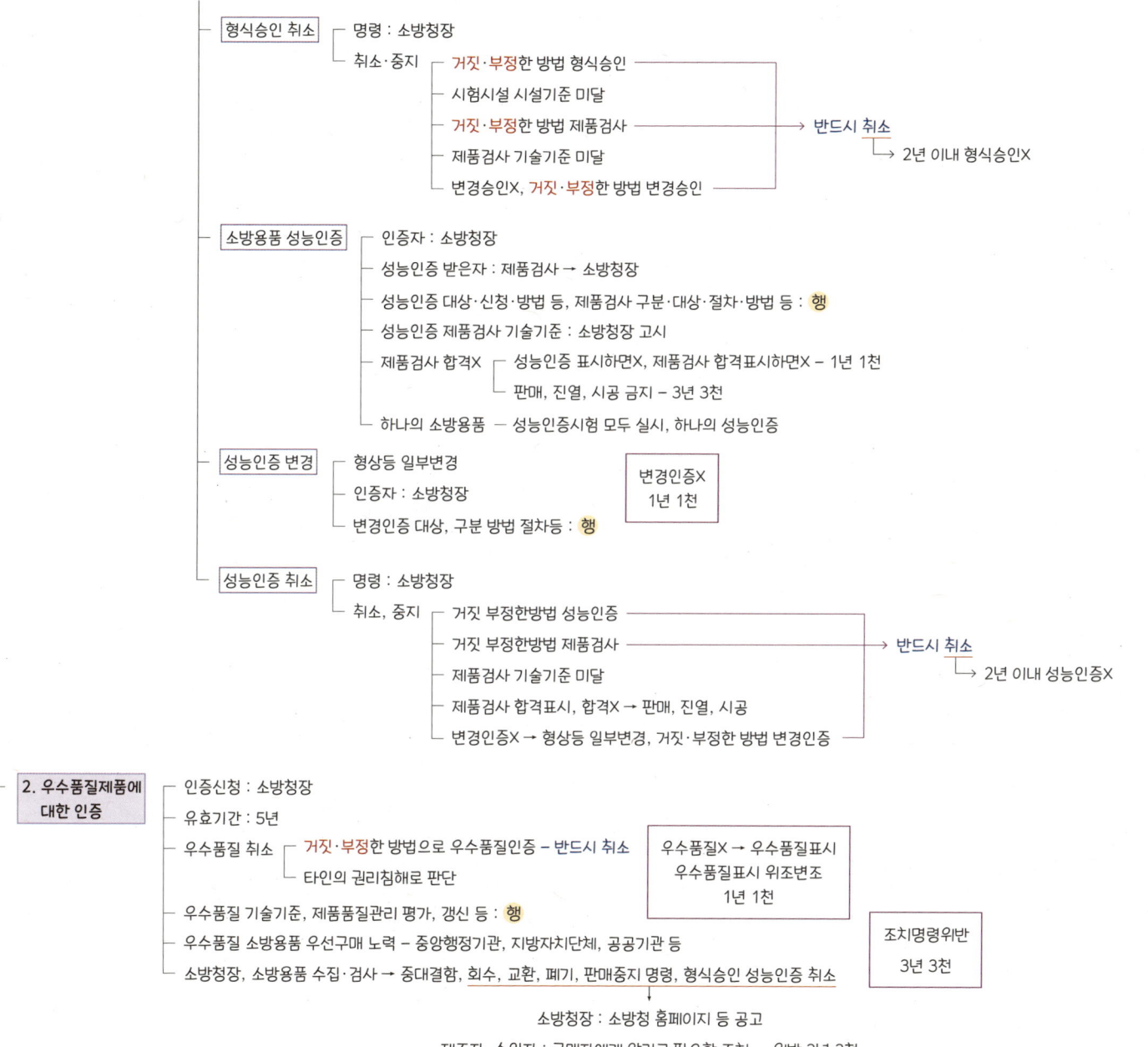

 보칙

1. 제품검사 전문기관의 지정 등

제품검사 전문기관 지정
- 지정권자 : 소방청장
- 기관
  - 과학기술분야 연구기관, 공공기관, 시험·검사 비영리법인
  - 국가표준기본법 인정 시험 검사기관
  - 검사인력, 검사장비 갖춘 것 **행** → 제품검사 실시현황 소방청장에게 보고
  - 기관 대표자가 결격사유 해당X
  - 취소된 날부터 2년 경과
- 소방청장 – 제품검사 업무평가, 소방용품 확인검사 → **행** 따라 공표 可
  ↓
  행 으로 전문기관에 대하여 비용부담 可
- 기관 대표자 결격사유
  - 피성년 후견인
  - 금고이상 실형 선고 + 집행종료, 집행면제 → 2년 경과X
  - 금고이상 집행유예 선고 + 집행유예 中

전문기관 지정 취소, 정지
- 명령 : 소방청장
- 사유
  - 거짓, 부정한 방법 지정 → 반드시 취소
  - 정당X, 1년↑ 업무X
  - 지정요건X, 조건위반
  - 업무수행 부적당

전산시스템 구축·운영
- 구축·운영 : 소방청장, 본부장, 서장 → 관계 행정기관의 장
  필요한 자료, 정보요청 可
- 포함사항
  - 설계도면
  - 자체점검결과 → 관리의 활용
  - 청·본·서 필요 인정 자료

2. 청문

- 실시권자 — 소방청장·시·도지사
- 대상
  - 관리사 자격취소, 정지
  - 관리업 등록취소 영업정지
  - 소방용품 형식승인취소, 제품검사중지
  - 성능인증취소
  - 우수품질인증 취소
  - 전문기관 지정취소, 업무정지

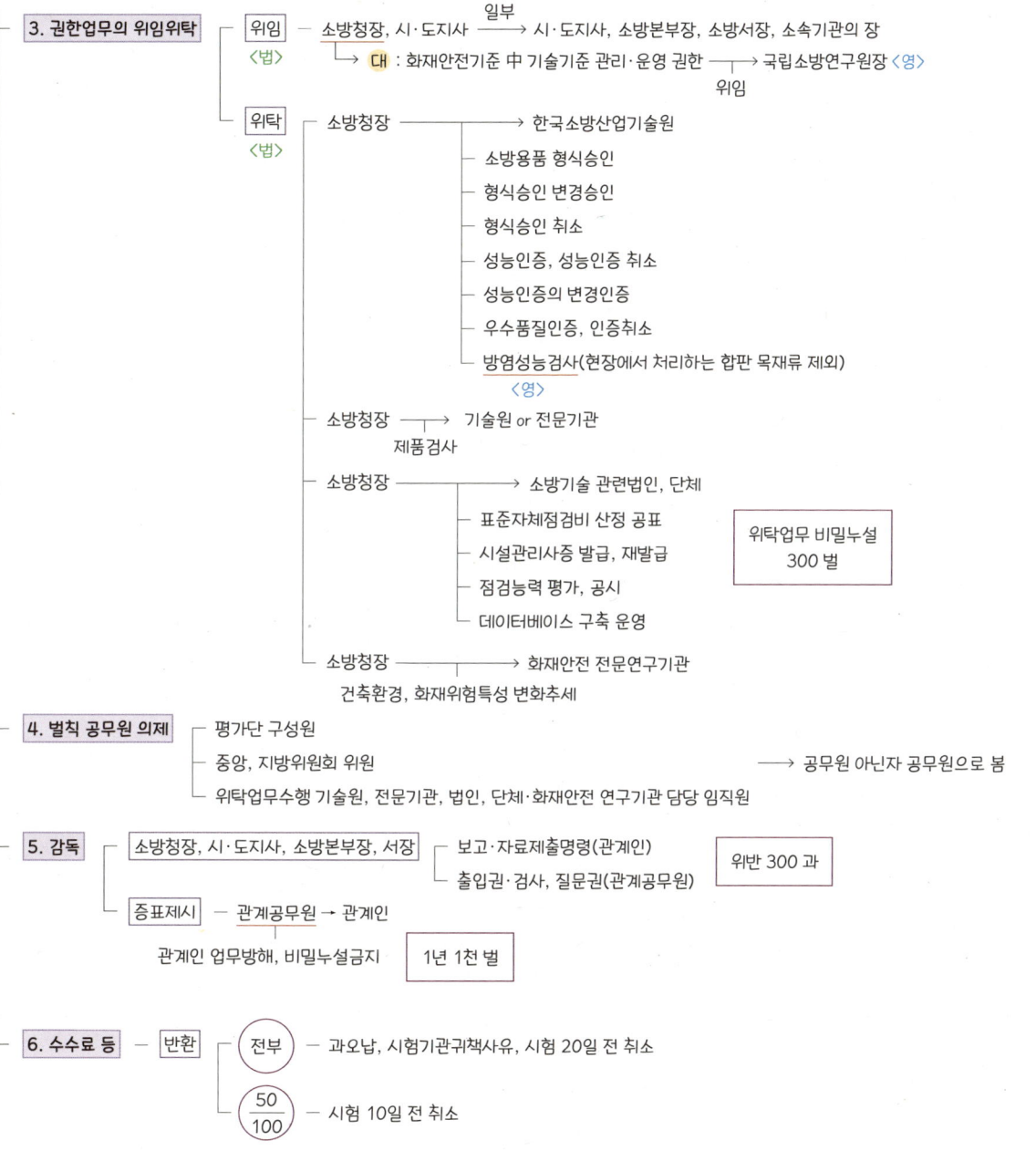

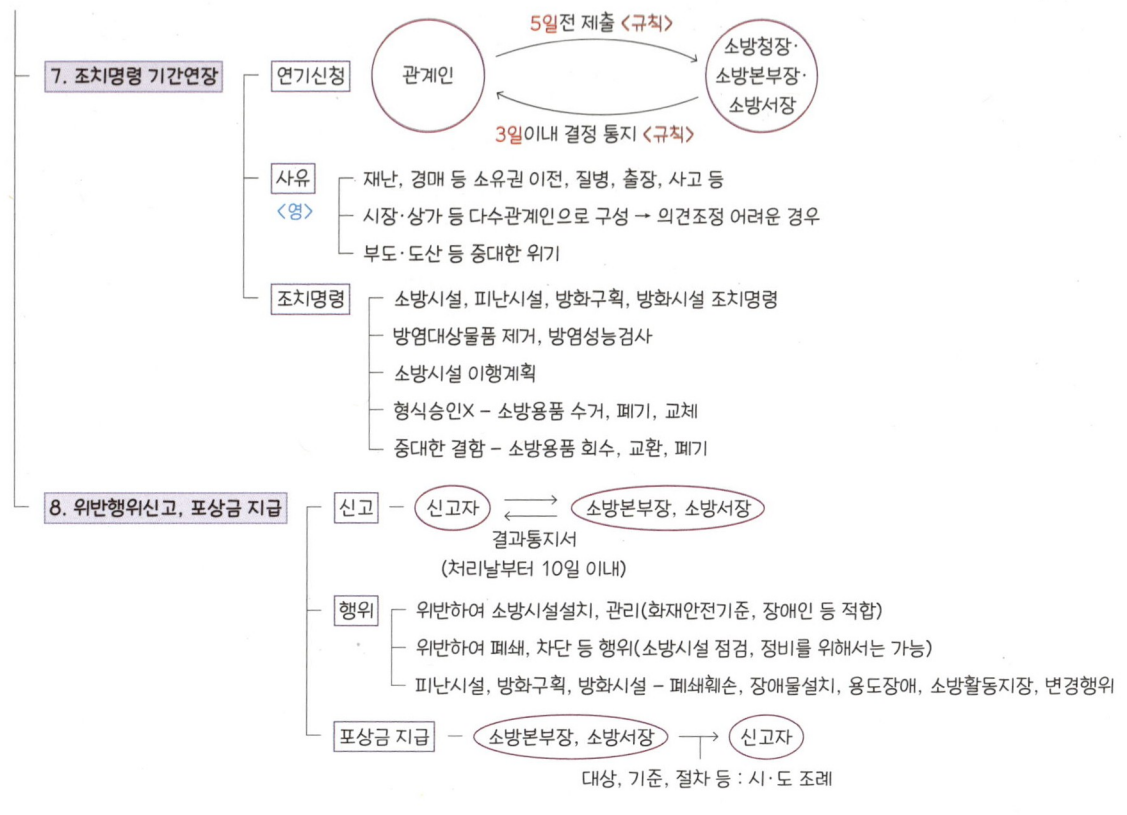

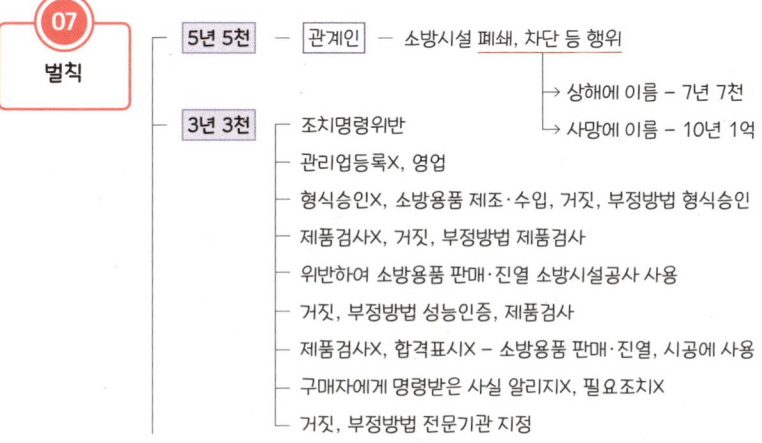

기출

〈행정 처분시 감경 사유〉
- 경미한 위반사항으로 유도등이 일시적으로 점등되지 않는 경우
- 경미한 위반사항으로 스프링클러설비 헤드가 살수반경에 미치지 못하는 경우
- 위반행위가 사소한 부주의나 오류 등 과실로 인한 것으로 인정되는 경우
- 위반행위자가 처음 해당 위반행위를 한 경우로서 5년 이상 소방시설관리사의 업무, 소방시설관리업 등을 모범적으로 해온 사실이 인정되는 경우

- **1년 1천**
  - 소방시설 스스로 점검X, 관리업자 정기적 점검X
  - 관리사증, 빌림, 빌려줌, 알선
  - 관리사 이중취업
  - 자격정지기간 中 관리사업무
  - 관리업등록증, 등록수첩 빌려줌, 빌림, 알선
  - 영업정지기간 中 관리업의 업무
  - 합격X – 합격표시, 합격표시 위·변조
  - 형식승인 변경승인X
  - 제품검사 합격X 소방용품 → 성능인증 합격표시, 위·변조
  - 성능인증 변경인증X
  - 우수품질인증X – 우수품질 인증표시, 위·변조
  - 관계인의 업무방해, 비밀누설

- **300 벌**
  - 평가단 업무수행 → 비밀누설
  - 위탁받은 업무종사 → 비밀누설
  - 방염성능 합격X – 합격표시, 위·변조
  - 방염성능 거짓시료
  - 필요한조치X 관계인, 중대 위반사항 알리지X 관리업자 등

- **300 과**
  (소방청장, 시·도지사, 소방본부장, 소방서장)
  - 소방시설 – 화재안전기준 위반, 설치·유지 〈100, 200, 300〉
  - 임시소방시설 설치·관리X 〈300〉
  - 피난시설, 방화구획, 방화시설 폐쇄·훼손·변경 등 〈100, 200, 300〉
  - 방염성능기준 이상 설치X 〈200〉
  - 점검능력 평가X 점검 – 관리업자 〈300〉
  - 관계인에게 점검 결과 제출X – 관리업자 등 〈300〉
  - 자체점검시 준수사항 위반 〈300〉
  - 점검결과 보고X, 거짓보고 〈50, 100, 200, 300〉
  - 점검기록표X, 출입자가 쉽게 볼 수 있는 장소에 게시X – 관계인 〈100, 200, 300〉
  - 변경신고X, 지위승계 신고X, 거짓신고 〈50, 100, 200, 300〉
  - 지위승계, 행정처분, 휴·폐업 관계인에게 알리지X, 거짓으로 알린 관리업자 〈300〉
  - 기술인력 참여X, 자체점검 관리업자 〈300〉
  - 점검실적을 증명 서류 등, 거짓제출 〈300〉
  - 이행계획 완료X, 결과보고X, 거짓보고 〈50, 100, 200, 300〉
  - 소방대상물 감독 명령을 위반 → 보고, 자료제출X, 거짓보고, 자료제출 공무원 출입 검사 거부·방해·기피 〈50, 100, 300〉

경상북도
농업기술원

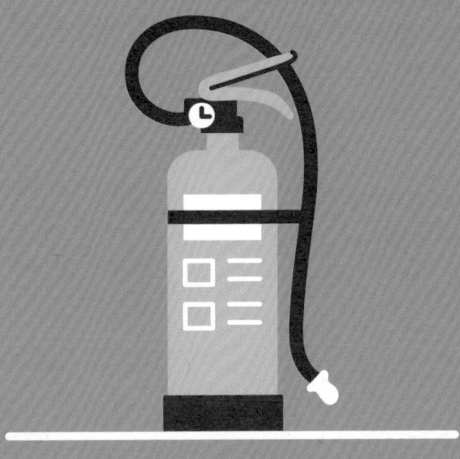

PART 03
소방의 화재조사에 관한 법률

PART 03 | 소방의 화재조사에 관한 법률

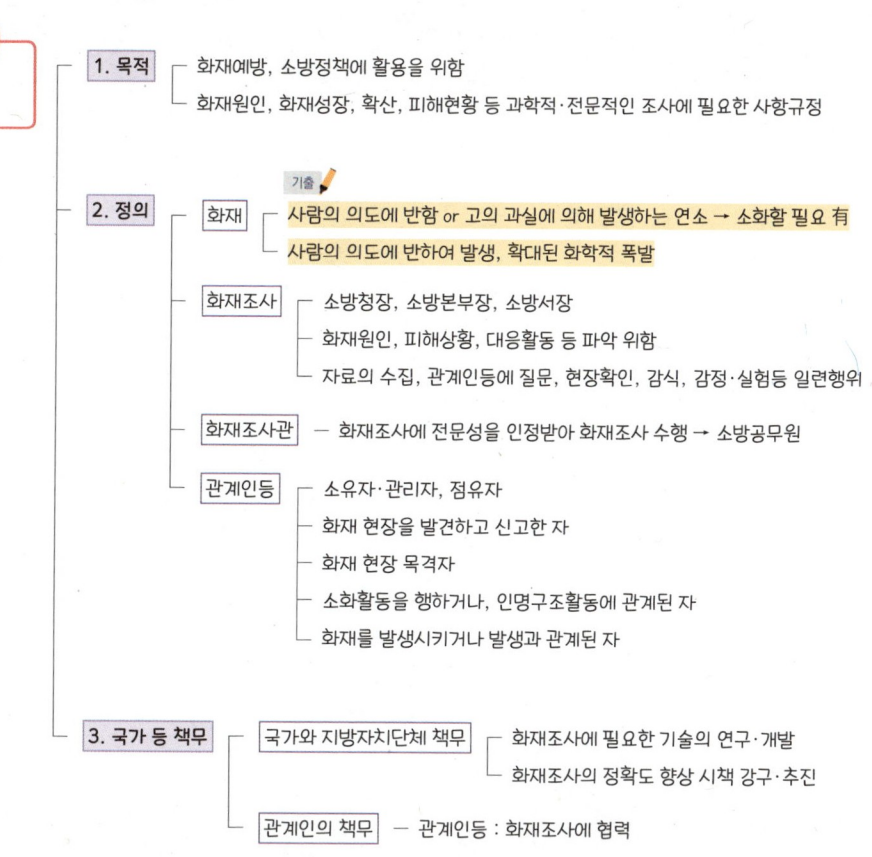

01 총칙

- 1. 목적
  - 화재예방, 소방정책에 활용을 위함
  - 화재원인, 화재성장, 확산, 피해현황 등 과학적·전문적인 조사에 필요한 사항규정

- 2. 정의
  - 화재 〔기출〕
    - 사람의 의도에 반함 or 고의 과실에 의해 발생하는 연소 → 소화할 필요 有
    - 사람의 의도에 반하여 발생, 확대된 화학적 폭발
  - 화재조사
    - 소방청장, 소방본부장, 소방서장
    - 화재원인, 피해상황, 대응활동 등 파악 위함
    - 자료의 수집, 관계인등에 질문, 현장확인, 감식, 감정·실험등 일련행위
  - 화재조사관 — 화재조사에 전문성을 인정받아 화재조사 수행 → 소방공무원
  - 관계인등
    - 소유자·관리자, 점유자
    - 화재 현장을 발견하고 신고한 자
    - 화재 현장 목격자
    - 소화활동을 행하거나, 인명구조활동에 관계된 자
    - 화재를 발생시키거나 발생과 관계된 자

- 3. 국가 등 책무
  - 국가와 지방자치단체 책무
    - 화재조사에 필요한 기술의 연구·개발
    - 화재조사의 정확도 향상 시책 강구·추진
  - 관계인의 책무 — 관계인등 : 화재조사에 협력

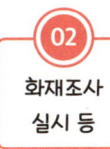

02 화재조사 실시 등

1. 화재조사의 실시

- **실시** — 소방청장, 소방본부장, 소방서장 → 화재발생 알게 된 때 지체 없이

- **조사사항**
  - 화재원인
  - 화재로의 인명·재산피해
  - 대응활동 관한사항
  - 소방시설 설치·관리, 작동여부
  - 화재발생 건축물, 구조물, 화재유형별 화재위험성 등
  - 화재안전조사의 실시 결과사항 〈영〉

- **화재조사의 절차** 〈영〉
  - 현장출동 중 조사 : 화재발생 접수, 출동 중 화재상황 파악 등
  - 화재현장 조사 : 화재의 발화원인, 연소상황 및 피해상황 조사 등
  - 정밀조사 : 감식·감정, 화재원인 판정 등
  - 화재조사 결과 보고

- **대상** 〈영〉
  - 「소방기본법」 소방대상물 화재
  - 그 밖에 소방관서장이 인정하는 화재

2. 화재조사전담부서 설치·운영 등

- **화재조사전담부서**
  - 설치·운영 : 소방관서장
  - 업무
    - 화재조사 실시, 조사결과 분석·관리
    - 기술개발, 화재조사관 역량증진
    - 시설·장비의 관리·운영
    - 그 밖의 필요한 업무
  - 업무수행 : 소방관서장 → 화재조사관
  - 전담부서 〈영〉
    - 화재조사관 2명↑ 배치
    - 행에 따르는 장비와 시설 갖출 것
    - 그 밖에 필요한 사항 → 행

- **결과의 보고** — 전담부서 ──→ 소방관서장 (화재조사 완료)

- **화재조사관**
  - 화재조사 시험합격한 소방공무원
  - 화재감식평가 분야 기사, 산업기사 자격취득한 소방공무원

기출

〈화재조사 전담부서에서 갖추어야할 장비와 시설〉

감식기기(16종)
- 절연 저항계
- 내시경 현미경
- 휴대용 디지털 현미경

감정용기기(21종)
- 금속현미경

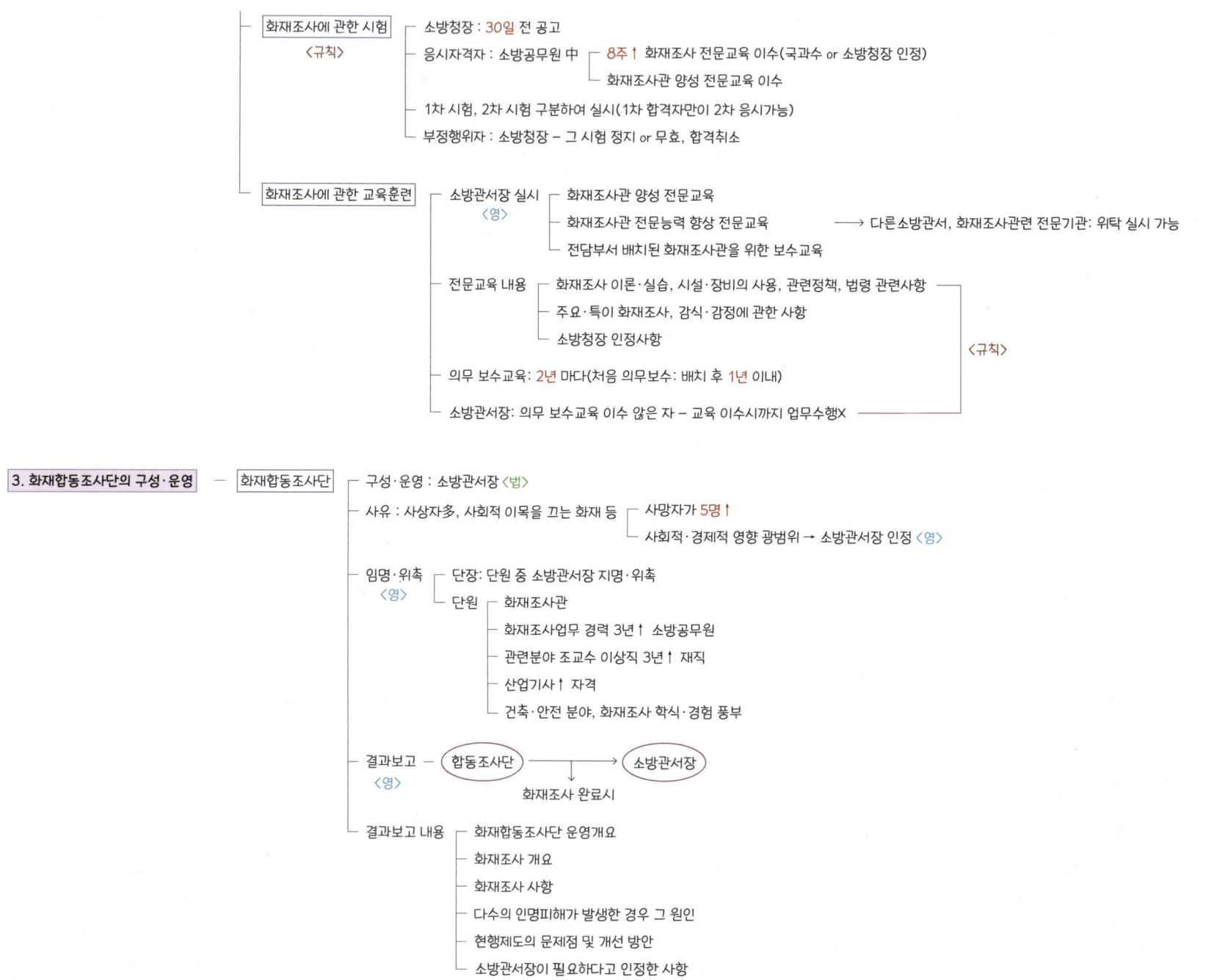

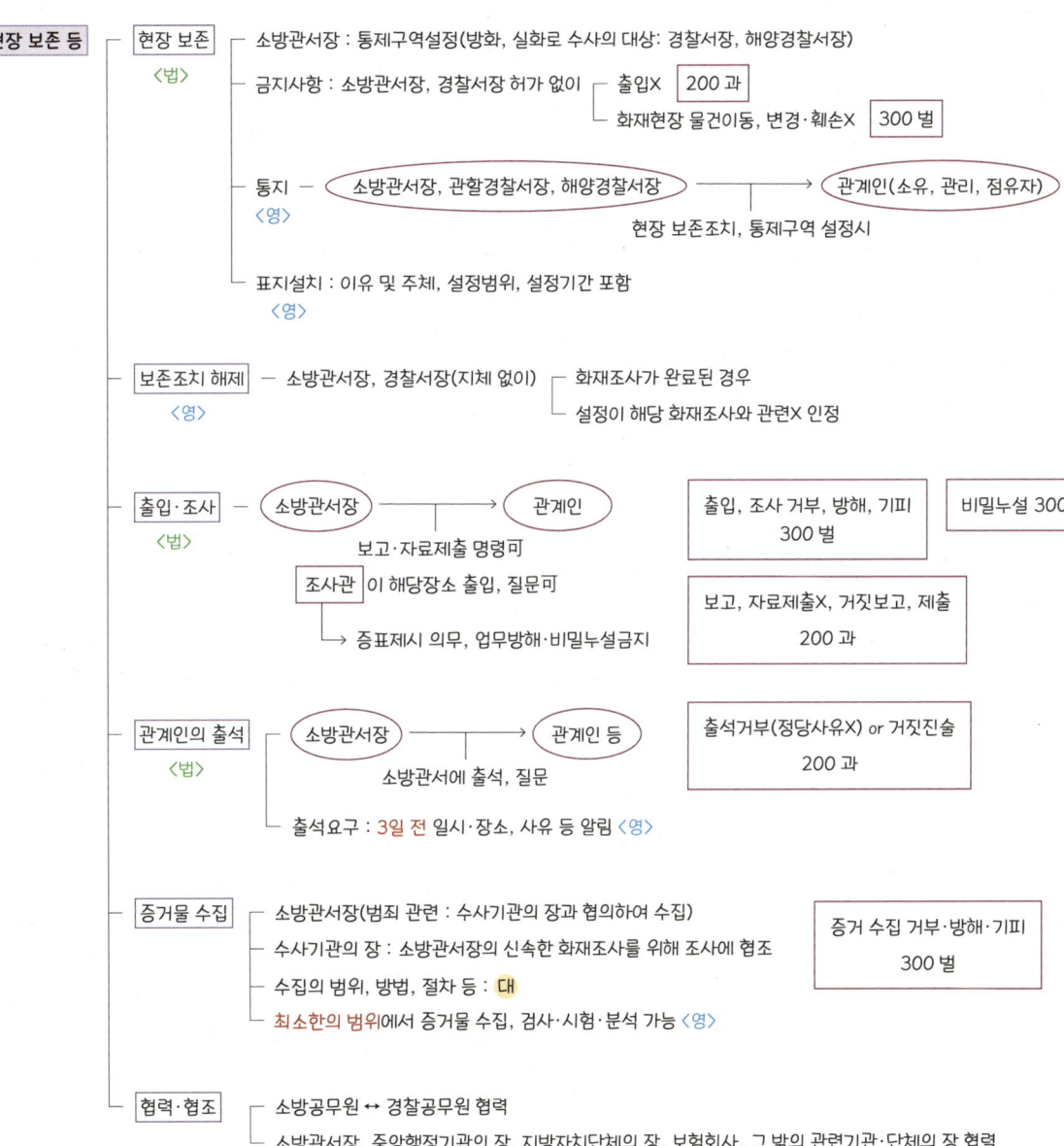

기출

- 소방공무원과 경찰공무원은 화재조사에 필요한 증거물의 수집 및 보존에 관한 사항에 대해 서로 협력해야 한다.
- 소방관서장은 화재조사 결과의 공표 시 수사가 진행중이거나 수사의 필요성이 인정되는 경우에는 관계수사기관의 장과 공표 여부에 관해 사전에 협의해야 한다.
- 화재조사를 하는 화재조사관은 관계인의 정당한 업무를 방해하거나 화재조사를 수행하면서 알게된 비밀을 다른 용도로 사용하거나 다른 사람들에게 누설해서는 안된다.
- 소방청장·본부장·서장이 화재원인, 피해상황, 대응활동 등 파악하기 위해 자료의 수집, 감정 및 실험을 하는 행위는 화재조사에 포함된다.

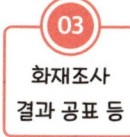

03 화재조사 결과 공표 등

1. 화재조사 결과의 공표 등

- 결과 공표
  - 공표권자 : 소방관서장(수사진행 등 : 수사기관의 장과 협의)
  - 공표사유
    - 국민이 유사한 화재로부터 피해 방지
    - 국민의 알 권리 충족, 공공의 이익 필요
  - 포함사항
    - 화재원인
    - 인명·재산피해
    - 화재발생 건축물, 구조물
    - 소방관서장 인정

- 결과 통보
  - 소방관서장 → 중앙행정기관장, 지방자치단체장, 그 밖 관련 기관·단체장, 관계인 등
  - 결과 통보, 유사한 화재발생X, 필요조치 요청

- 화재증명원 발급
  - 소방관서장
  - 신청절차·방법·서식 등 : 행

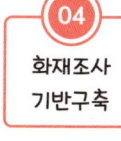

04 화재조사 기반구축

1. 감정기관 지정·운영 등

- 감정기관 〈법〉
  - 지정·운영 : 소방청장 → 대 로 정하는 시설, 전문인력 등 지정기준을 갖춘 기관
  - 비용지원 : 감정기관에서의 소요비용 전부 or 일부
  - 취소
    - 거짓, 부정한 방법 지정 – 반드시 취소 → 취소시 청문실시
    - 지정기준 적합X
    - 고의, 중대과실 – 감정결과 사실과 다르게 작성
    - 의뢰받은 감정 사유X 거부, 1개월↑ 수행X
    - 거짓, 부정한 방법 비용청구 〈영〉
  - 지정기준, 절차, 취소 및 운영 : 대

- 시설·전문인력 지정기준 〈영〉
  - 시설
    - 증거물, 화재조사 장비 안전하게 보호가능 설비 有
    - 증거물 등 장기 보존·보관가능
    - 감식·감정 수행과정 등을 촬영, 처리·보관가능
  - 전문인력
    - 주된 기술인력 2명↑ : 화재감식평가 기사 +5년, 화재조사관 +5년↑, 이공계 박사+2년↑
    - 보조 기술인력 3명↑ : 화재감식평가 기사 or 산업기사, 화재조사관 자격, 화재조사 국제자격증, 이공계 석사+1년↑
  - 감식·감정 장비, 증거물 수집 장비 등 有

한국학술정보(주)

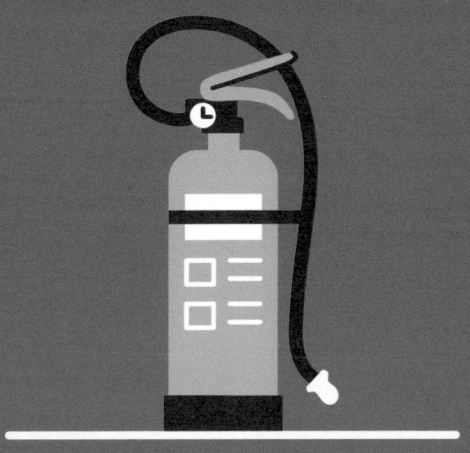

PART 04
화재의 예방 및 안전관리에 관한 법률

PART 04 | 화재의 예방 및 안전관리에 관한 법률

01 총칙

1. 목적 〈법〉
- 화재예방, 안전관리에 필요한 사항 규정. 화재로부터 국민생명, 신체, 재산보호
- 공공의 안전, 복리증진 이바지

2. 정의 〈법〉
- **예방** — 화재의 위험에서 생명·신체·재산 보호를 위해 화재발생 사전 제거, 방지를 위한 모든 활동
- **안전관리** — 화재의 피해를 최소화, 예방·대비·대응 등의 활동
- **화재안전조사** — 소방관서장 → 소방대상물, 관계지역, 관계인에게 현장조사, 문서열람, 보고요구
  ① 소방시설등이 소방관계법령에 적합하게 설치·관리 되는지
  ② 소방대상물에 화재의 발생위험이 있는지 등
- **화재예방 강화지구** — 시·도지사가 지정 관리
  화재발생 우려가 大, 화재가 발생할 경우 피해가 大 예상되는 지역의 화재예방, 안전관리 강화를 위함
- **화재예방안전진단** — 화재 발생시 사회·경제 피해 大, 소방대상물
  화재 위험요인 조사, 위험성 평가하여 개선대책 수립

3. 책무 〈법〉
- **국가** — 화재로부터 국민 생명, 재산보호, 화재예방정책 수립·시행
- **지방자치단체** — 국가의 화재예방정책, 지역의 실정에 부합하는 화재예방정책 수립·시행
- **관계인** — 화재예방정책에 적극적으로 협조

화재예방 안전관리 기본계획 수립·시행

1. 기본계획등의 수립·시행 〈법〉

- **기본계획, 수립시행**
  - 소방청장, 5년마다 수립·시행
  - 화재예방정책을 체계적·효율적 추진과 필요한 기반 확충을 위함
  - 관계중앙행정기관의 장과 시행 전년도 8/31 협의. 9/30까지 수립, 관계중앙행정기관의 장, 시·도지사에게 10/31까지통보 〈영〉

- **시행계획, 수립·시행**
  - 소방청장, 매년마다
  - 시행 전년도 10/31까지 수립, 관계중앙행정기관의 장, 시·도지사에게 10/31까지통보 〈영〉
  - 기본계획의 시행을 위하여 필요한 사항, 그 밖에 화재예방 및 안전관리에 관련 소방청장이 인정하는 사항 포함 〈영〉

- **세부시행계획**
  - 관계중앙행정기관의 장, 시·도지사
  - 소관사무 특성을 반영한 세부시행계획 수립·시행 후 결과를 소방청장에게 통보
  - 계획실시 전년도 12/31까지 소방청장 통보 〈영〉

- 소방청장은 필요한 경우 관계중앙행정기관의 장, 시·도지사에게 관련 자료제출 요구 가능
  - 요청받은 경우 특별한 사유X → 따라야 함

- **필요한 사항** — 대통령령으로 정함

- **내용**
  - 화재예방정책 기본 목표 추진방향 〈법〉
  - 화재예방 안전관리 기반조성, 대국민 교육·홍보, 기술 개발 보급, 전문인력 육성·지원 및 관리, 국제경쟁력 향상 〈법〉
  - 화재발생 현황
  - 소방대상물 환경, 화재위험특성 변화추세 등 화재예방정책 여건변화
  - 소방시설 설치·관리, 화재안전기준 개선   〈영〉
  - 계절별·시기별 소방대상물별 화재 예방정책추진 및 평가
  - 그 밖에 소방청장 인정

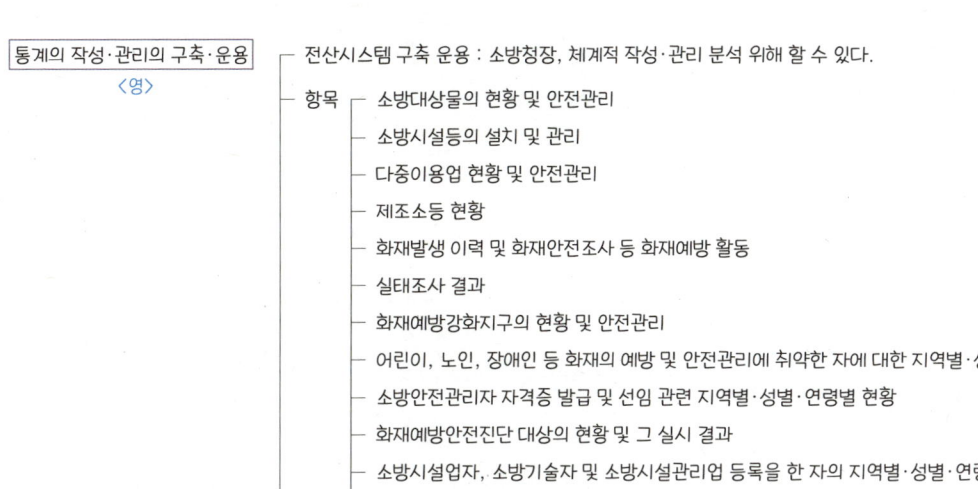
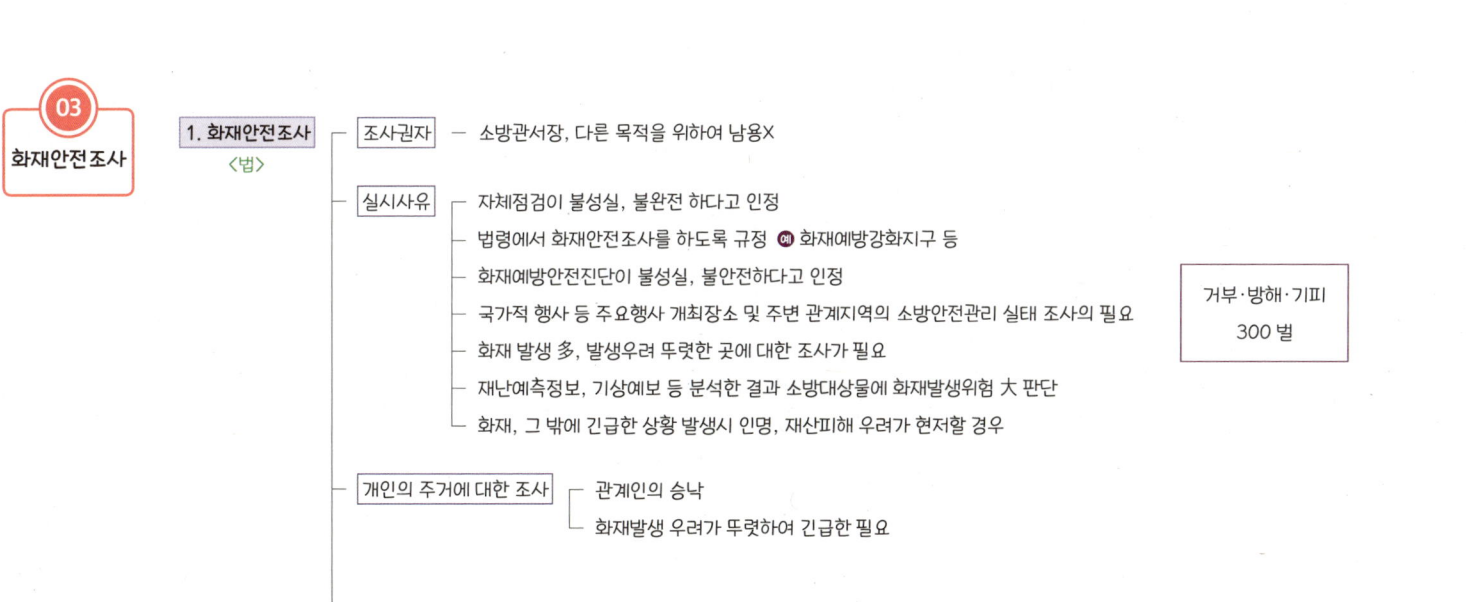

- 통지를 받은 관계인 대 정하는 사유로 조사받기 곤란한 경우 대 정하는 바에 따라 소방관서장에게 연기신청 〈법〉

> **•연기사유** 〈영〉
> · 재난 발생
> · 질병, 사고, 장기 출장
> · 장부, 서류 등이 압수 또는 영치됨
> · 증축·용도변경·대수선 등 공사로 어려움

> **•연기신청**
> · 관계인은 행 정하는 바에 따라 연기신청서에 사유 및 기간등 기재해 소방관서장에게 제출 〈영〉
> · 조사 시작 3일 전까지 연기신청서에 증명할 수 있는 서류를 첨부하여 소방관서장에게 제출하여야 한다 〈규칙〉
> · 소방관서장은 3일 이내에 연기신청의 승인여부 결정·통지 〈규칙〉
> · 소방관서장은 승인여부를 결정한 때 연기신청한 자에게 통지해야하고 연기기간이 종료하면 지체없이 화재안전조사를 실시해야 함 〈규칙〉

- 그 밖에 방법·절차는 대 로 정한다 — 소방관서장 → 소속 공무원으로 하여금 관계인에게 보고 또는 자료의 제출 요구, 소방대상물의 위치·구조·설비 또는 관리 상황에 대한 조사·질문을 하게 할 수 있다. 〈영〉

- [화재안전조사단 편성·운영] 화재안전조사의 효율적 수행, 소방관서장이 편성
  - 소방청 : 중앙화재안전조사단
  - 소방본부, 소방서 : 지방화재안전조사단

> **•중앙 및 지방화재안전조사단 – 단장 포함 50명**
> · 단원 – 소방관서장 임명·위촉, 단장 – 단원 중 소방관서장 임명·위촉
> · 단원이 될 수 있는 자
> – 소방공무원
> – 소방관련 단체, 연구기관 임직원
> – 소방관련지식이 풍부한 사람 〈영〉

> **•효율적 실시 위해 관련기간의 장과 합동조사반 편성**
> · 관련기관
> – 관계중앙행정기관, 지방자치단체
> – 한국소방안전원
> – 한국소방산업기술원
> – 한국화재보험협회
> – 한국가스안전공사
> – 한국전기안전공사
> – 그 밖에 소방청장이 인정 – 법인 or 단체 〈영〉

- 소방관서장은 관계기관의 장에게 소속공무원·직원의 파견을 요청할 수 있음
  특별한 사유X, 협조해야 함

- 화재안전조사위원회 구성·운영 — 조사대상의 객관적·공정한 선정 위해 소방관서장이 구성

> ***구성 : 위원장 1명 포함, 7명 이내의 위원** 〈영〉
> · 위원장 – 소방관서장
> · 위원 – 소방관서장이 임명·위촉(임기 2년, 1차례 연임)
>   ― 과장급 이상 소방공무원
>   ― 소방기술사
>   ― 소방시설관리사
>   ― 소방관련 석사학위 이상
>   ― 소방관련 업무 5년 이상
>   ― 소방관련 교육 연구 5년 이상
> · 위원회에 출석한 위원에게 경비지급(공무원 제외)

> ***위원의 심의의결에서의 제척·기피** 〈영〉
> · 제척
>   – 소방대상물의 관계인, 공동권리·의무자 또는 직접적 이해관계인등이 위원, 친족, 배우자인 경우
>   – 소방대상물의 자문·연구·용역·감정·조사를 위원이 한 경우
> · 기피
>   – 관계인은 위원에게 공정한 심의·의결을 기대하기 어려운 사정 有, 기피 신청가능, 위원회는 의결로 결정
> · 회피
>   – 위원이 제척사유에 해당 시 스스로 회피

- 전문가 참여 ─ 소방기술사, 소방시설관리사, 화재안전문지식 갖춘 사람
              └ 참여시 수당, 여비, 경비 지급 가능

> ***위원의 해임·해촉 사유 (결정권자 : 소방관서장)** 〈영〉
> 1. 심신장애로 직무를 수행할 수 없게 된 경우
> 2. 직무와 관련된 비위사실이 있는 경우
> 3. 직무태만, 품위손상이나 그 밖의 사유로 위원으로 적합하지 않다고 인정되는 경우
> 4. 제척·기피·회피 사유에 해당함에도 불구하고 회피하지 않은 경우
> 5. 위원 스스로 직무를 수행하기 어렵다는 의사를 밝히는 경우

- 증표의 제시, 비밀 유지 ─ 조사업무를 수행하는 관계 공무원 및 전문가 위반시 1년 1천 벌

- 결과통보 ─ 서면 통지
         └ 예외 : 현장에서 결과 설명 + 부본 교부

- 조치명령 ─ 소방관서장 → 관계인 위반시 3년 3천 벌
         ├ 화재안전조사결과에 따라 소방대상물의 위치·구조·설비·관리의 상황 보완 필요시
         ├ 화재 발생시 인명·재산 피해가 클 것으로 예상시
         ├ 개수·이전·제거, 사용금지 또는 제한, 사용폐쇄, 공사정지 또는 중지, 그 밖의 필요한 조치를 명할 수 있다
         └ 화재안전조사결과 소방대상물이 법령을 위반하여 건축 또는 설비, 소방시설등, 피난시설 방화구획, 방화시설 등이 법령에 부적합 ─→ 관계인에게 조치명령
                                                                                                          관계행정기관장에게 조치요청

- 조치명령절차 ─ 소방관서장이 조치명령서 관계인에게 발급, 조치명령대장에 기록·관리
   〈규칙〉   └ 손실입은 자 有, 조치명령 손실확인서 작성, 증빙자료 함께 보관

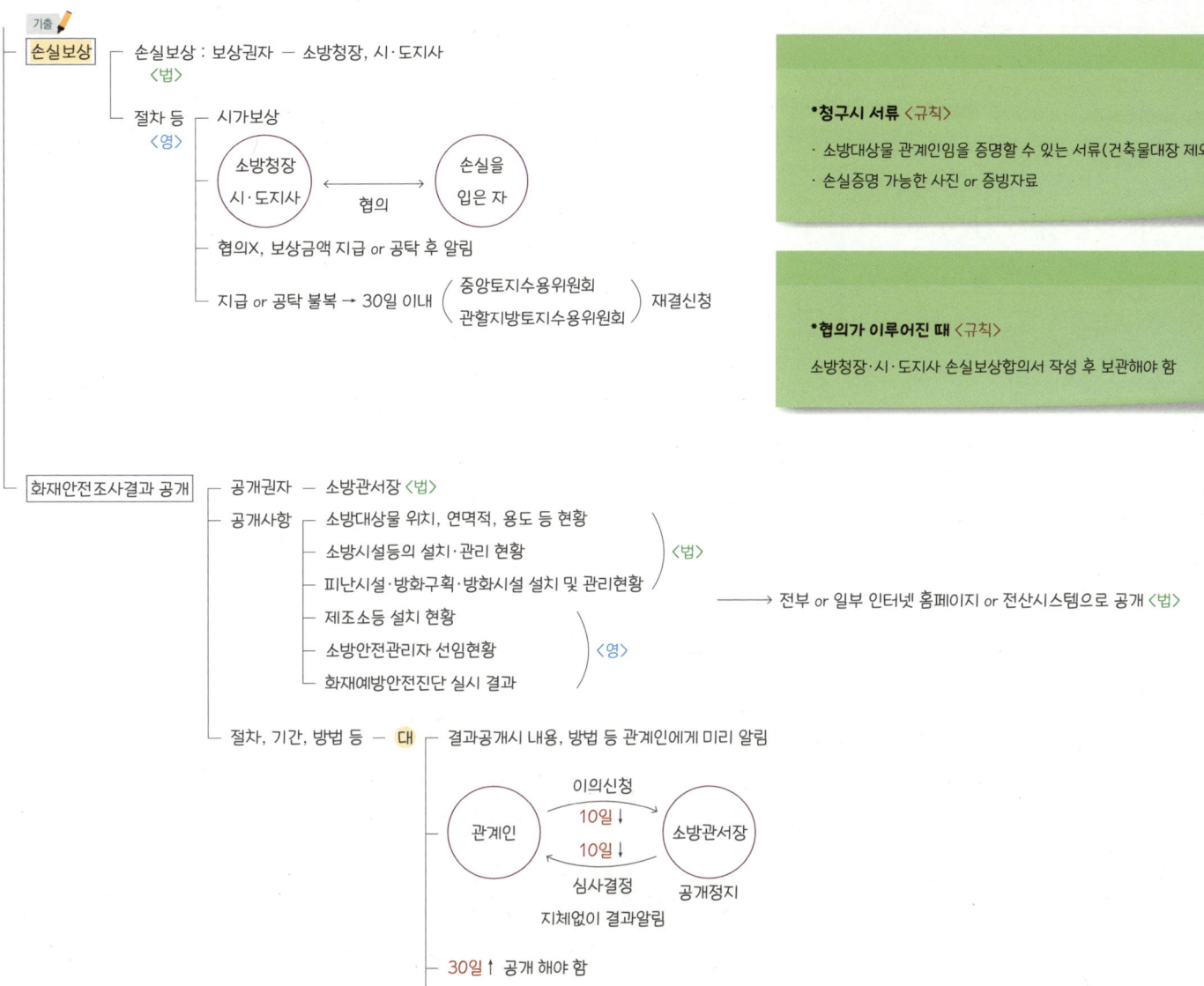

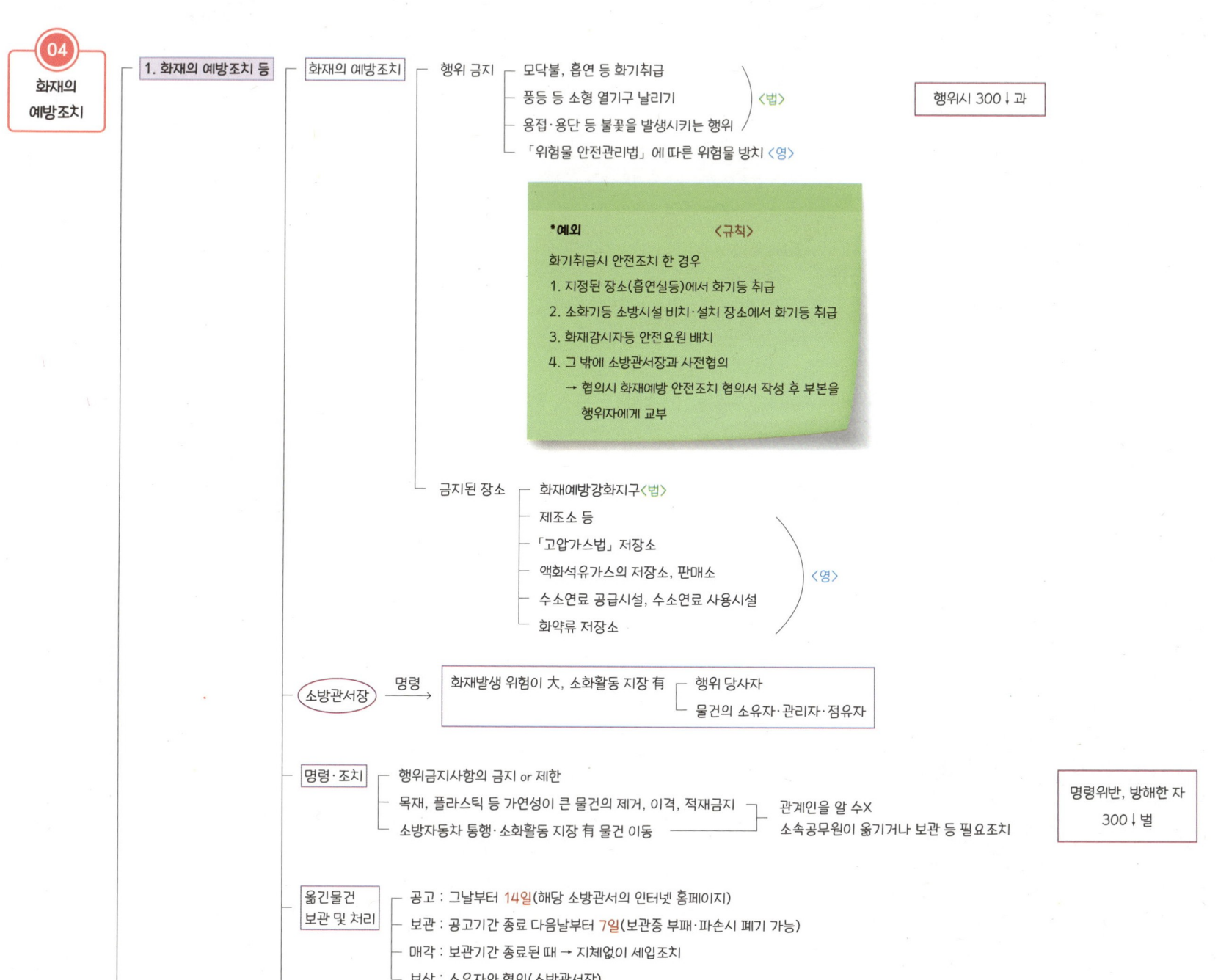

- 불을 사용하는 설비의 관리기준
  - 보일러 등 화재발생 우려 有 설비의 위치 구조, 관리
  - 불을 사용할 때 지켜야 하는 사항 대
  - 그 외 화재발생 우려 설비 or 기구의 종류 등. 지켜야 하는 사항 → 시·도조례

※ 시행령 별표 1 (기출)

1. 보일러
   - 가연성 벽·바닥 또는 천장과 접촉하는 증기기관 또는 연통 : 규조토 등 난연성 또는 불연성 단열재
   - 경유·등유 등 (액체연료)
     - 연료탱크 ↔ 보일러본체 : 수평거리 1m↑
     - 개폐밸브 ↔ 연료탱크 : 0.5m↓
     - 연료탱크, 배관 : 여과장치
     - 연료탱크 및 연료탱크 받침대 : 불연재료
   - 기체연료
     - 보일러 설치 : 환기구, 가스누설경보기 설치
     - 배관 : 금속관
     - 개폐밸브 ↔ 연료용기 : 0.5m↓
   - 화목 등 고체연료
     - 고체연료 : 별도의 실 or 보일러 ↔ 연료 수평거리 2m↑
     - 연통 ↔ 천장 0.6m 연통의 배출구 건물 밖으로 0.6m↑, 연통 배출구 보일러보다 2m↑ 높게
     - 연통 관통하는 벽, 지붕 등 : 불연재료
     - 연통재질 : 불연재료, 연결부에 청소구 설치
   - 보일러 본체 ↔ 벽, 천장 : 0.6m↑
   - 보일러 실내설치 : 콘크리트바닥 or 금속 외 불연재료 바닥

2. 난로
   - 연통 ↔ 천장 : 0.6m↑, 연통 배출구 건물 밖으로 0.6m↑ 나오게
   - 가연성 벽·바닥·천장과 접촉하는 연통 : 난연성 또는 불연성 단열재(규조토 등)
   - 이동식 난로X — 다중이용업소, 학원, 독서실, 숙박업, 목욕장업, 세탁업, 병·의원, 영화상영관, 공연장, 가설건축물, 조산원, 식품접객업의 영업장, 가설건축물, 박물관 및 미술관, 상점가, 역·터미널 등
     - 쓰러지지 않도록 고정, 쓰러질 시 즉시 소화, 연료누출 차단장치 有 → 예외

3. 건조설비
   - 건조설비 ↔ 벽·천장 : 0.5m↑
   - 벽·천장·바닥 : 불연재료
   - 건조물품 : 열원과 직접 접촉X

4. 불꽃사용 용접·용단기구
   - 소화기 : 작업장 주변 반경 5m↓
   - 가연물X : 작업장 주변 반경 10m↓ (방호 조치한 경우 제외)

5. 노·화덕설비
   - 벽·천장 : 불연재료
   - 실내 설치 : 흙바닥 or 금속외의 불연재료로 된 바닥
   - 노·화덕 주위 : 0.1m↑ 턱
   - 시간당 30만Kcal↑
     - 주요구조부 : 불연재료 이상
     - 노 주위 : 1m↑
     - 창·출입구 : 60+ 방화문 or 60분 방화문

6. 음식조리 설비
   (식품접객업 중
   일반음식점 주방)
   - 배출덕트 : 0.5mm↑ 아연도금강판, 내식성 불연재료
   - 조리기구 ↔ 반자, 선반 0.6m↑
   - 조리기구 ↔ 가연성 주요구조부(0.15m↓) : 단열성 불연재료
   - 주방시설 : 기름제거 필터 설치

7. 가스·전기시설
   - 가스시설의 경우 「고압가스 안전관리법」, 「도시가스사업법」 및 「액화석유가스의 안전관리 및 사업법」에서 정하는 바에 따른다.
   - 전기시설의 경우 「전기사업법」 및 「전기안전관리법」에서 정하는 바에 따른다.

📘 비 고

① 보일러 : 사업장, 영업장 등에서 사용(가정용 보일러 제외)
② 건조설비 : 산업용 건조설비(주택 사용 건조설비 제외)
③ 노·화덕설비 : 제조업, 가공업에서 사용(조리용 화덕 제외)
④ 보일러, 난로, 건조설비, 불꽃을 사용하는 용접·용단기구 및 노·화덕설비가 설치된 장소에는 소화기 1개↑ 갖추어야 함

특수가연물 저장 취급 기준 : 대

※ 시행령 별표2 : 특수가연물

품명		수량
면화류		200킬로그램 이상
나무껍질 및 대팻밥		400킬로그램 이상
넝마 및 종이부스러기		1,000킬로그램 이상
사류(絲類)		1,000킬로그램 이상
볏짚류		1,000킬로그램 이상
가연성고체류		3,000킬로그램 이상
석탄·목탄류		10,000킬로그램 이상
가연성액체류		2세제곱미터 이상
목재가공품 및 나무부스러기		10세제곱미터 이상
고무류·플라스틱류	발포시킨 것	20세제곱미터 이상
	그 밖의 것	3,000킬로그램 이상

비고

- 면화류 : 불연성, 난연성X, 면상 또는 팽이모양 섬유, 마사원료
- 넝마 및 종이부스러기 : 불연성X or 난연성X
- 사류 : 불연성, 난연성X, 실, 누에고치
- 볏짚류 : 마른 볏짚·북데기·건초(축산용X)
- 가연성 고체류
  - 인화점 40~100℃ 미만
  - 인화점 100~200℃ 미만 + 연소열 8Kcal↑
  - 인화점 200℃~↑ + 연소열 8Kcal↑ + 융점 100℃ 미만
  - 1기압 섭씨 20℃ 초과 ~ 40℃ 이하 : 액상 + 인화점 70℃ ~ 200℃ 미만
- 석탄목탄류 : 코크스, 석탄가루 물에 갠 것, 마세크탄, 연탄, 석유코크스, 활성탄 등
- 가연성액체류
  - 1기압 20℃↓ : 액상 + 40wt%↓ + 인화점 40℃~70℃ 미만, 연소점 60℃↑
  - 1기압 20℃ : 액상 + 40wt%↓ + 인화점 70℃~250℃ 미만
  - 1기압 20℃ : 액상 + 인화점 250℃미만, 동물의 기름 등에서 추출한 것
  - 1기압 20℃ : 액상 + 인화점 250℃↑, 동물의 기름 등에서 추출한 것
- 고무류·플라스틱류 : 불연성X or 난연성X – 고체의 합성수지제품, 합성수지반제품, 원료합성수지, 합성수지 부스러기. 다만, 합성수지의 섬유·옷감·종이 및 실과 이들의 넝마와 부스러기 제외

※ 시행령 별표3 : 특수가연물 저장 취급기준 <석탄·목탄류를 발전용으로 저장하는 경우 제외>

표지 : 품명·최대저장수량·단위체적당 질량 또는 단위부피당 질량·관리책임자 성명·직책·연락처 및 화기취급의 금지표시 포함

면적의 제한 : 품명별로 구분

기출
- 표지 : 0.3m↑, 0.6m↑ 직사각형
- 화기엄금, 품명·최대저장수량·단위체적당 질량 또는 단위부피당 질량·관리책임자 성명·직책·연락처
- 바탕 : 흰색, 문자 : 검은색(화기엄금 바탕 : 붉은색, 문자 : 백색)
- 보기 쉬운 곳에 설치

	살수설비·대형수동식 소화기 설치	그 밖
높이	15m↓	10m↓
면적	200m²↓ (석탄·목탄 300m²)	50m²↓ (석탄·목탄 200m²)

	실내 (주요구조부 : 내화건축물 + 불연재료)	실외
간격	다른 종류 동일공간내 보관 불가 다만, 내화구조 벽으로 분리한 경우X	대지경계선, 도로, 인접 건축물 : 6m↑ 다만, 쌓은 높이보다 0.9m↑ 내화구조 벽체 설치시X
바닥면적사이 간격	1.2m or 쌓은 높이 ½ 중 큰 값↑	3m or 쌓은 높이 중 큰 값↑

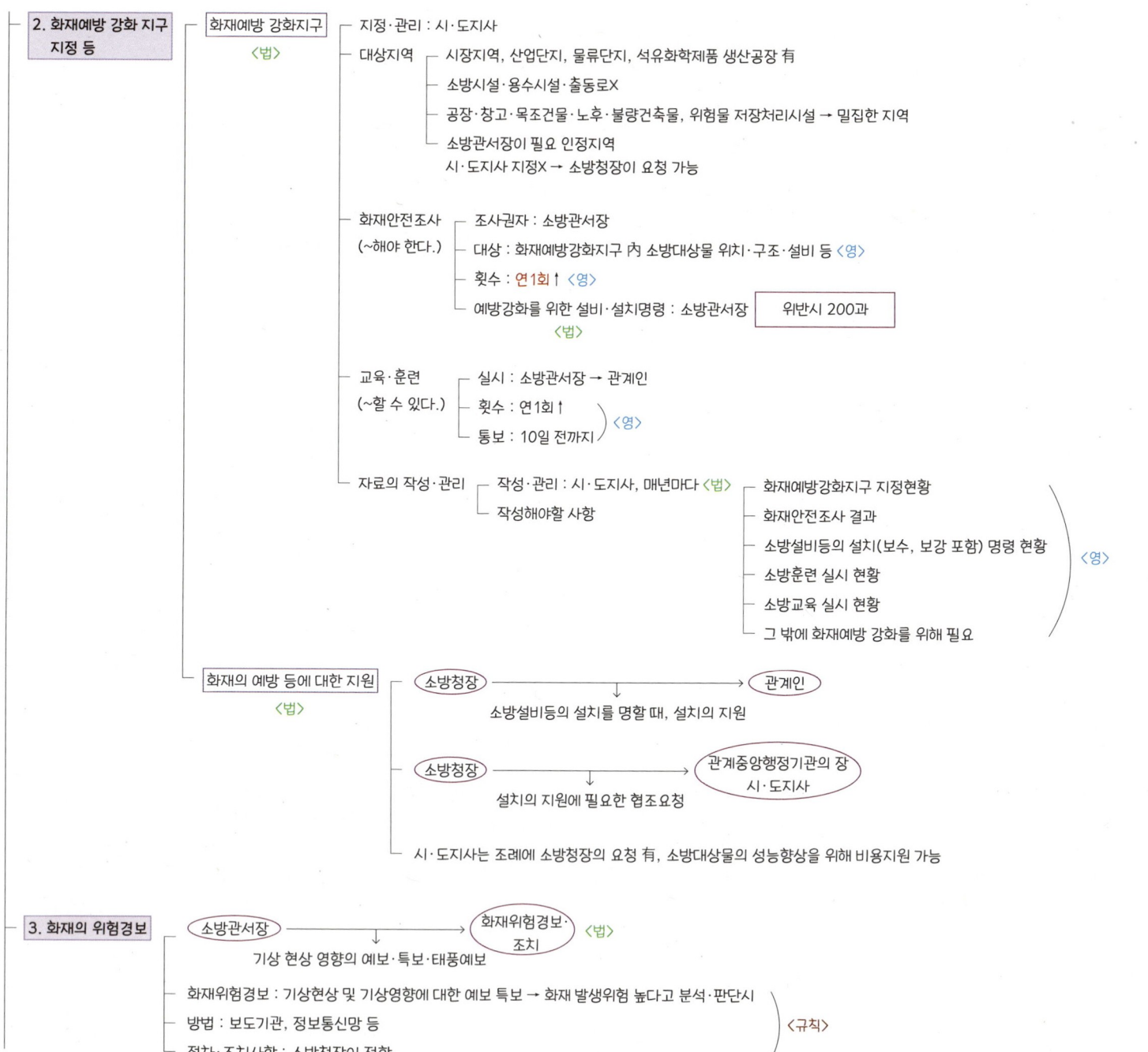

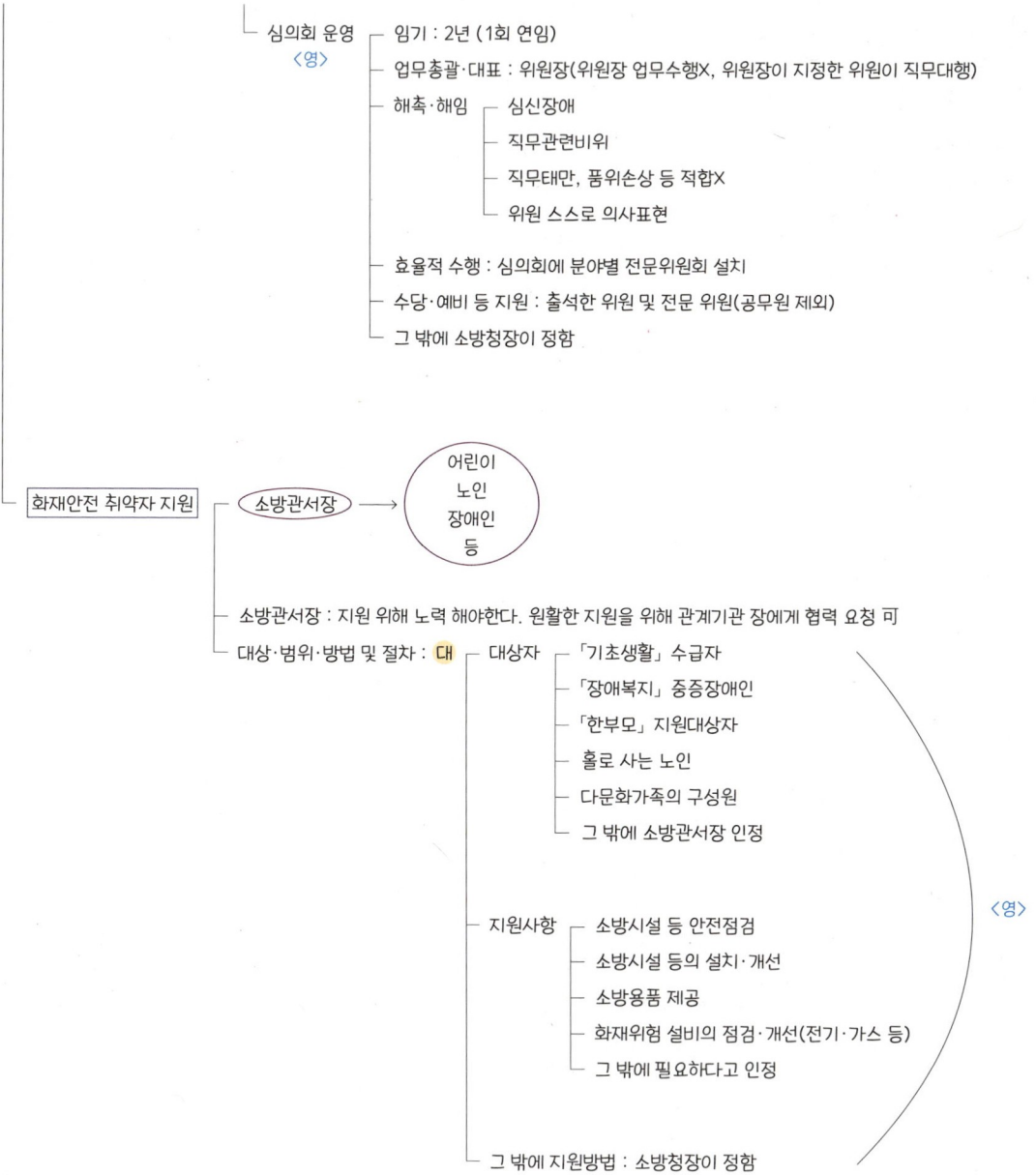

# 05 소방대상물의 소방안전관리

1. 특정소방대상물 소방안전관리

수행: 관계인이 소방안전관리자 선임 및 보조자 선임 | 위반시 300 벌

특급 - 선임 1명↑

특급 대상
- 50층↑(지제) 200m↑ 아파트
- 30층↑(지포) 120m↑ (아제)
- 연면적 10만m²↑ (아제)
  ※ 동·식물원, 철강 등 불연성 물품을 저장·취급하는 창고, 위험물 제조소등과 지하구 제외

특급 자격
- 다음에 해당 + 특급 자격증 발급받은 사람
- 소방기술사 or 소방시설관리사
- 소방설비기사 + 5년↑ 1급 경력
- 소방설비산업기사 + 7년↑ 1급 경력
- 소공 20년↑
- 특급시험 합격자

응시자격
- 1급 + 5년↑
- 소방설비기사 + 2년↑
- 소방설비산업기사 + 3년↑
- 1급 소방안전관리자 + 특 or 1급 보조자 7년↑
- 소공 10년↑
- 관리학과 졸업 + 2년↑ 1급
- 3년↑ 1급 실무 ─ 관련교과 12학점↑ + 졸업
  ─ 관련교과 12학점↑ + 졸업에 준하는 학력 + 관련교과 12학점↑ 이수
  ─ 관련학과 전공 졸업
- 소방행정학·안전공학·석사↑ + 2년↑ + 1급
- 특급 보조자 10년↑
- 특급 강습교육 수료
- 총괄재난안전관리자 1년↑

1급 - 선임 1명↑

1급 대상
- 30층↑(지제) 120m↑ 아파트
- 연면적 1만5천m²↑ (아파트, 연립 제외)
- 11층↑ (아제)
- 가연성 가스 1천톤↑
  ※ 동·식물원, 철강 등 불연성 물품을 저장·취급하는 창고, 위험물 제조소등, 지하구 제외

1급 자격
- 다음에 해당 + 1급 자격증 발급받은 사람
- 소방설비기사 or 소방설비산업기사
- 소공 7년↑
- 1급 시험 합격자
- 특급자격인정자

응시 자격
- 관리학과 졸업 + 2년↑ 2급 or 3급
- 3년↑ 2급 or 3급 ─ 관련교과 12학점↑ 이수 + 졸업
  ─ 관련교과 12학점↑ + 졸업
  ─ 에 준하는 학력 + 관련교과 12학점↑ 이수
  ─ 관련학과 전공 졸업
- 소방행정학·안전공학·석사↑
- 2급 5년↑
- 특급, 1급 강습교육 수료
- 2급 자격 + 특급 or 1급 보조자 5년↑
- 2급 자격 + 2급 보조자 7년↑
- 산업안전기사 or 산업기사 + 2년↑ 2급 or 3급
- 특급 시험응시 자격자

2급 - 선임 1명↑

2급 대상
- 옥내, 스프링, 물분무등(호제)
- 가스 100톤~1천톤 미만 저장·취급
- 지하구
- 공동주택(옥내소화전설비 or 스프링클러설비 설치된 곳)
- 보물·국보·목조건축물

2급 자격
- 다음에 해당 + 2급 자격증 발급받은 사람
- 위험물 기능장·산업기사·기능사
- 소공 3년↑
- 2급 합격자
- 특급, 1급 자격자
- 「기업규제완화법」에 따라 선임된 소방안전관리자

응시자격
- 소방안전관리학과 전공 졸업
- 관련교과목 6학점↑ + 졸업
- 관련교과목 6학점↑ 이수 + 졸업 준하는 학력 인정 + 관련교과목 6학점↑ 이수
- 관련학과 전공 졸업
- 본부·서 1년↑ 화재진압 or 보조업무 종사
- 의용소방대원 + 3년↑
- 군부대 및 의무소방대 소방대원 1년↑
- 자체소방대 + 3년↑
- 경호, 별정 + 2년↑
- 경찰 + 3년↑
- 특급, 1급 또는 2급 강습교육 수료
- 보조자 자격 + 특급, 1급, 2급 or 3급 보조자로 3년↑
- 3급 + 2년↑
- 건설안전기사, 건설안전산업기사 등 자격을 가진 사람
- 특급 or 1급 시험응시자격자

3급 - 선임 1명↑

3급 대상
- 간스(주택전용 제외)
- 자탐

선임자격
- 다음에 해당 + 3급 자격증 발급받은 사람
- 소공 1년↑
- 3급 합격자
- 특급, 1급, 2급 자격자
- 「기업규제완화법」에 따라 선임된 소방안전관리자

응시자격
- 의용소방대 + 2년↑
- 자체소방대 + 1년↑
- 경호, 별정 + 1년↑
- 경찰 2년↑
- 특급, 1급, 2급 or 3급 강습교육 수료
- 보조자 + 특급, 1급, 2급 or 3급 보조자 2년↑
- 특급, 1급 or 2급 시험응시자

소방안전관리자 보조자
- 선임대상별 자격기준 **대**
- 인원기준
- 선임절차, 그 밖에 **행**

- 소방안전관리 보조자
  - 선임
    - 아파트(300세대↑) : 300세대 마다 1명↑ 선임
    - 연면적 1만5천m² ↑ (아파트 및 연립주택 제외) : 1만5천m²마다 1명↑ 선임
    - 공동주택 中 기숙사, 의료시설, 노유자시설, 수련시설
    - 숙박시설(바 합계 1500m² 미만, 24시간 상시근무 제외)
  - 자격
    - 특급, 1급, 2급 or 3급 소방안전관리자 자격
    - 건축, 기계제작, 기계장비설비·설치, 화공, 위험물, 전기, 전자, 안전관리 자격자
    - 소방안전관리 강습교육 수료
    - 특급, 1급, 2급 or 3급 강습교육 수료
    - 소방안전관리대상물, 소방안전 관련 업무 2년↑

- 소방안전관리업무의 전담이 필요 ─ 특급, 1급 〈영〉 ─ 겸직한 자 300 과

업무대행 대상물 〈영〉
- 11층↑ 1급(1만5천↑ 특정소방대상물, 아파트 제외)
- 2급
- 3급

대행업무 〈영〉
피난시설, 방화구획, 방화시설관리, 소방시설, 소방관련 시설 관리

- 관리자 업무대행 ─ 관계인은 업무대행 관리업자를 감독하는 소방안전관리자 선임 可 → 3개월 內 소방안전관리자 등의 교육 받아야 함

- 대행인력의 배치기준 ─ 소방안전관리등급 및 설치된 소방시설에 따른 대행인력의 배치 등급

소방안전관리 대상물의 등급	설치된 소방시설의 종류	대행인력의 기술등급
1급 또는 2급	스프링클러설비, 물분무등소화설비 또는 제연설비	중급점검자 이상 1명 이상
1급 또는 2급	옥내소화전설비 또는 옥외소화전설비	초급점검자 이상 1명 이상
3급	자동화재탐지설비 또는 간이스프링클러설비	초급점검자 이상 1명 이상

- 업무
  - 수행 : 특정소방대상물 관계인(소방안전관리대상물X), 소방안전관리대상물이 소방안전관리자
  - 업무
    - ㉠ 피난계획 관련사항, 대 에 따른 소방계획서 작성·시행
    - ㉡ 자위소방대 및 초기대응체계 구성·운영 및 교육
    - ㉢ 피난시설, 방화구획, 방화시설 관리
    - ㉣ 소방시설, 소방관련시설 관리
    - ㉤ 소방훈련 교육
    - ㉥ 화기취급의 감독
    - ㉦ 행 에 따른 소방안전관리에 관한 업무수행의 기록·유지
    - ㉧ 화재발생 시 초기 대응
    - ㉨ 그 밖에 소방안전관리에 필요한 업무
    - → ㉠㉡㉤㉦ : 소방안전관리대상물만

소방계획서포함사항 〈영〉
- 위치·구조·연면적·용도·수용인원 등 현황
- 소방시설·방화, 전기·가스, 위험물시설 현황
- 자체점검계획 및 대응대책
- 소방·피난·방화시설 점검·정비계획
- 피난층·피난시설 위치·피난경로 설정, 화재안전취약자의 피난계획
- 방화·제연구획, 방화구조 및 설비의 유지·관리계획 등
소방본부장·서장 → 작성·실시를 지도·감독

㉢㉣㉥의 업무수행에 관한 기록·유지 〈규칙〉
작성주기 - 월1회 이상 작성·관리
소방안전관리자는 작성한 날부터 2년간 보관

업무X 관계인, 소방안전관리자 300 과

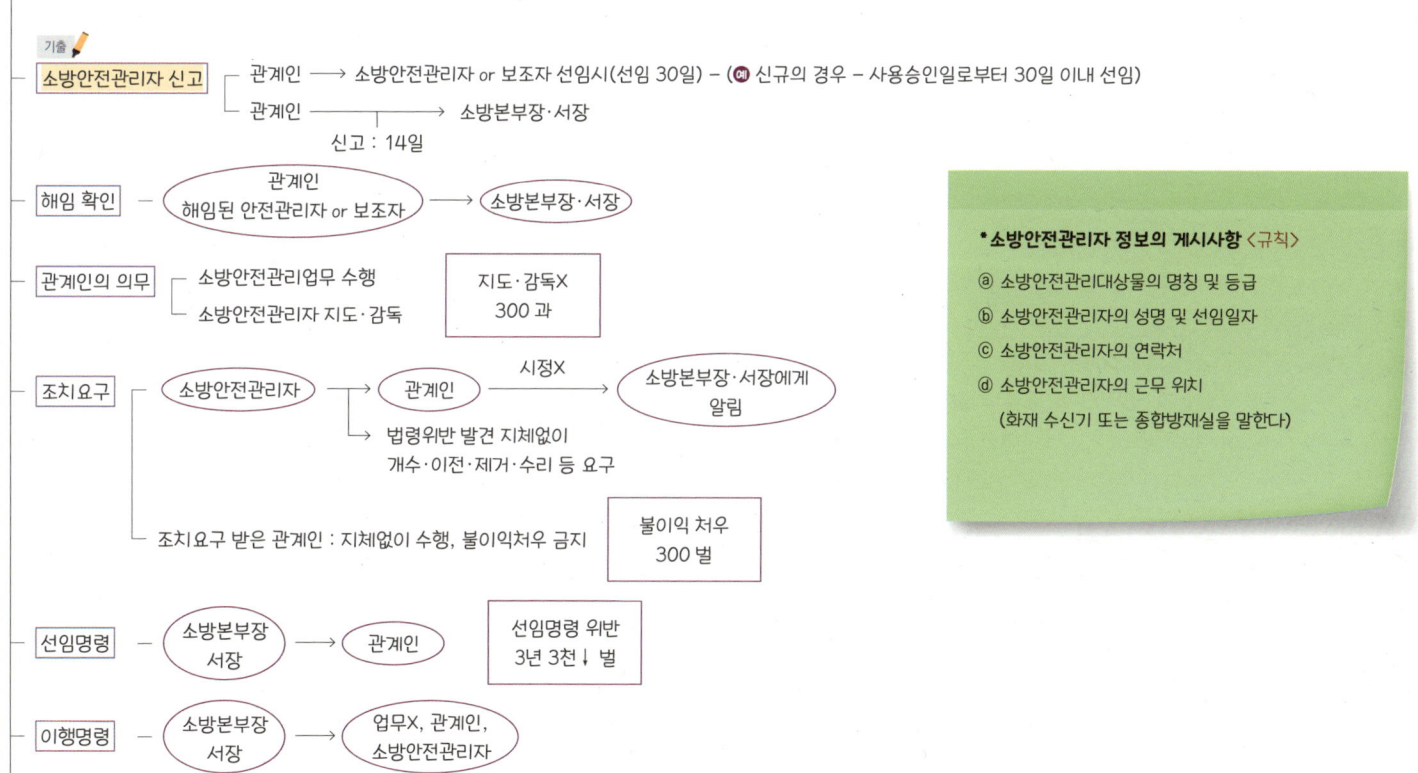

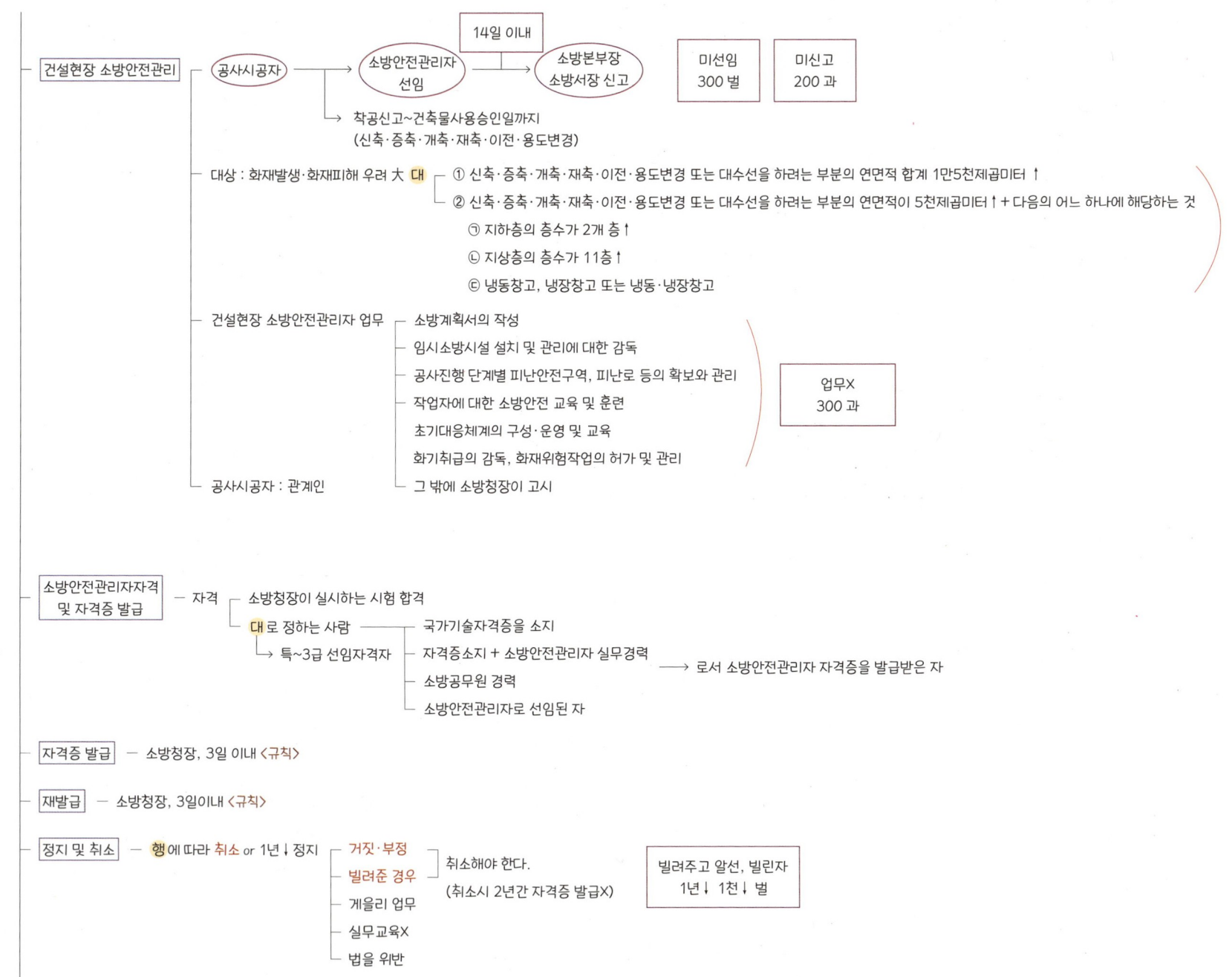

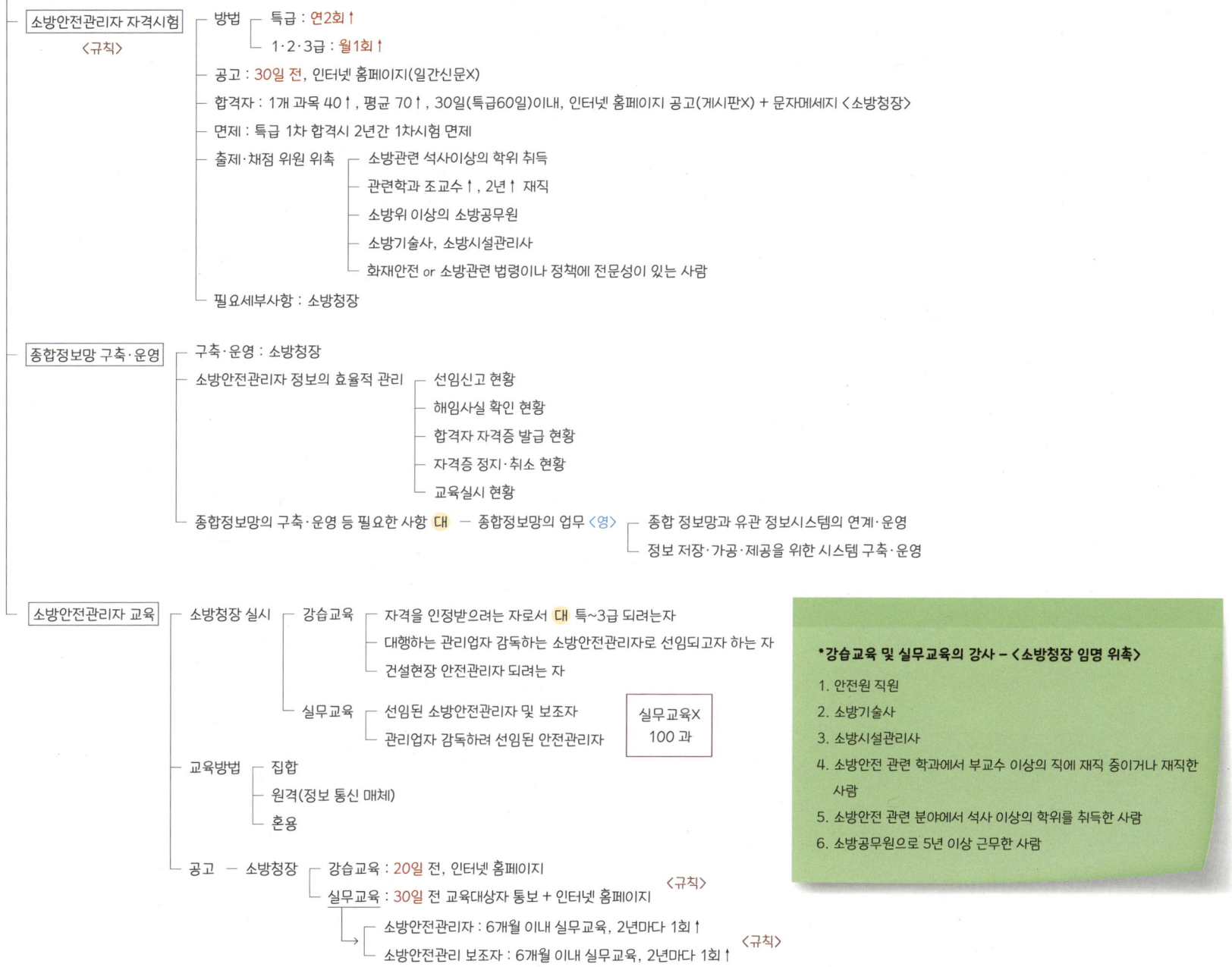

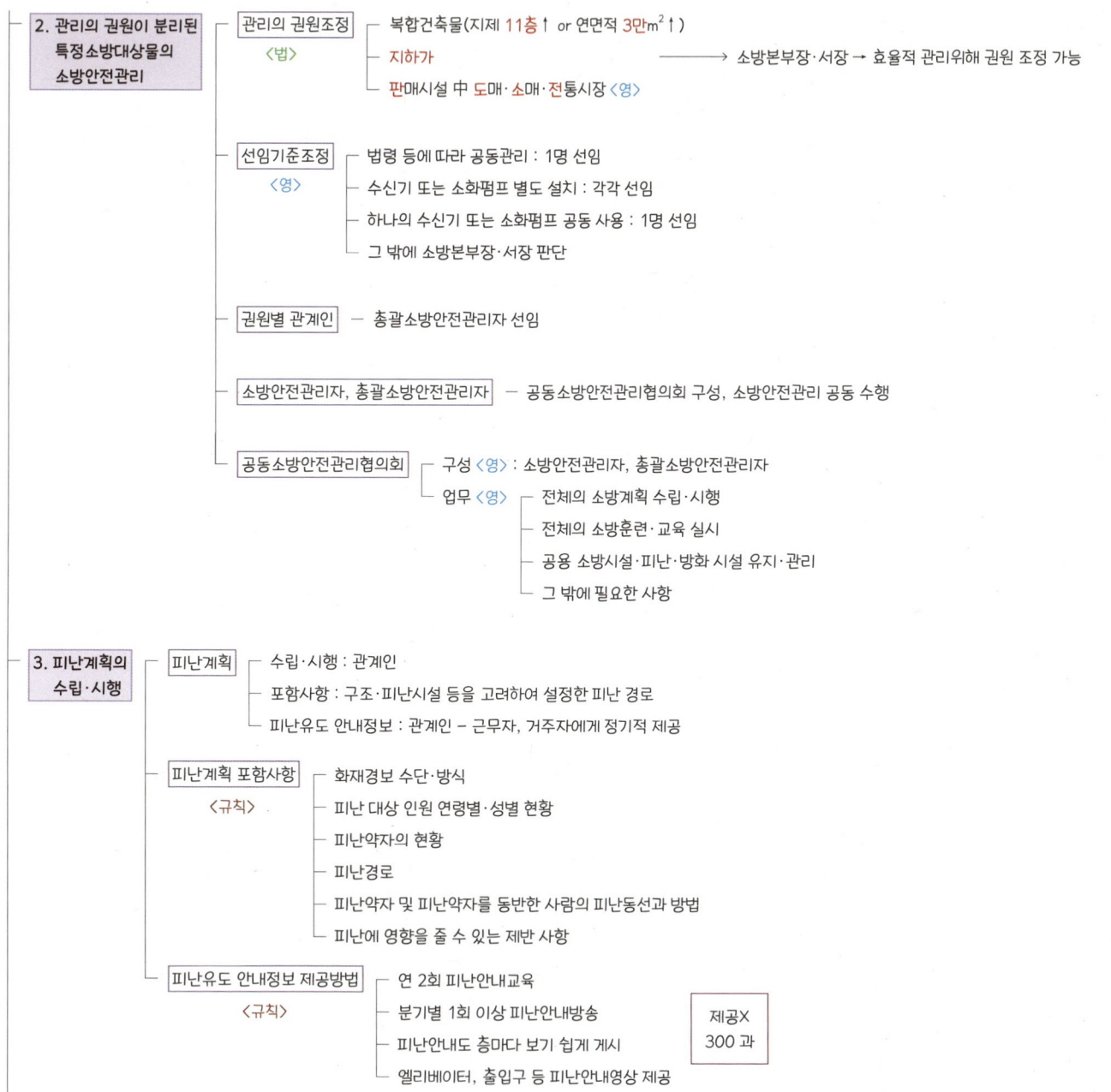

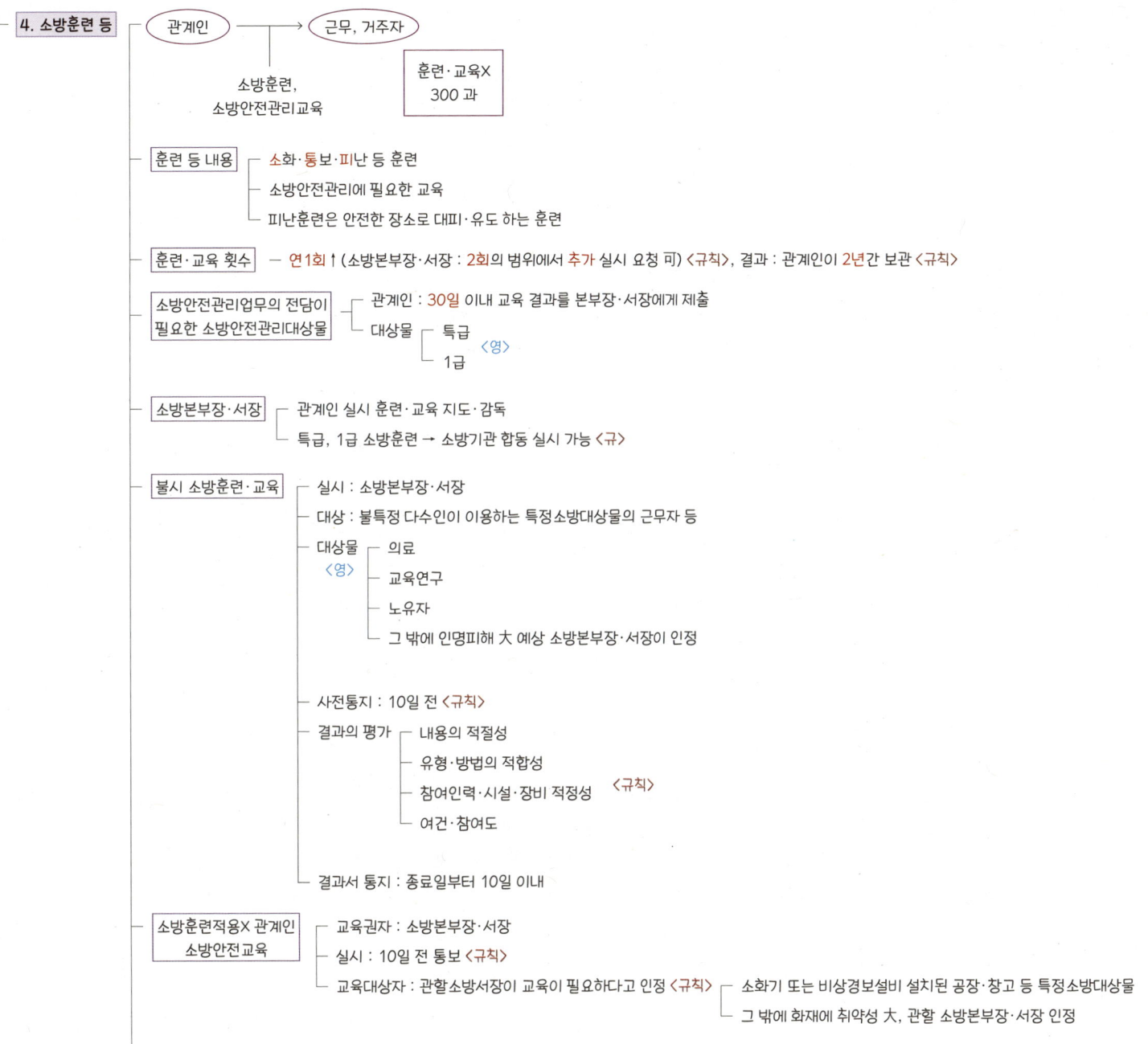

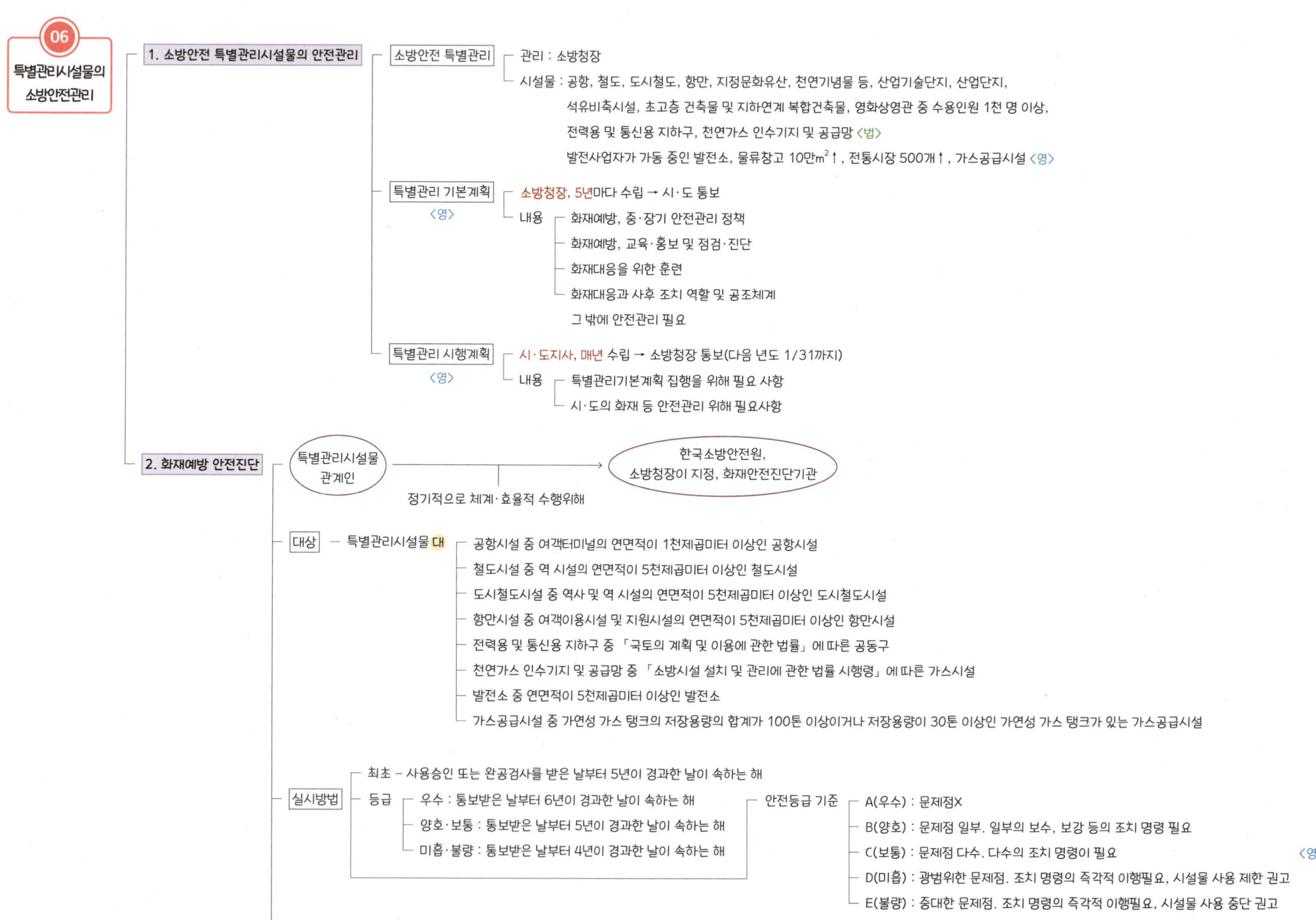

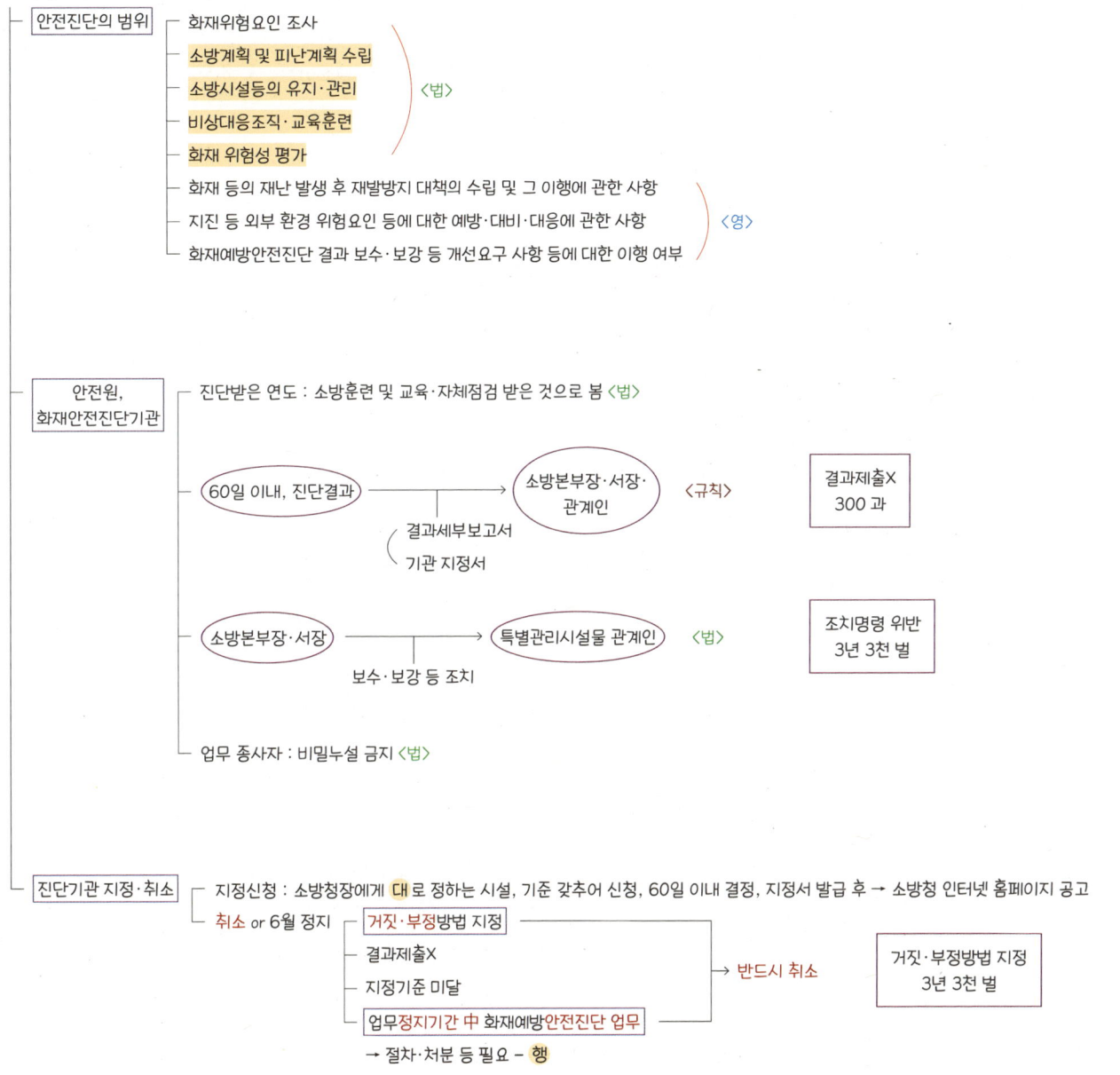

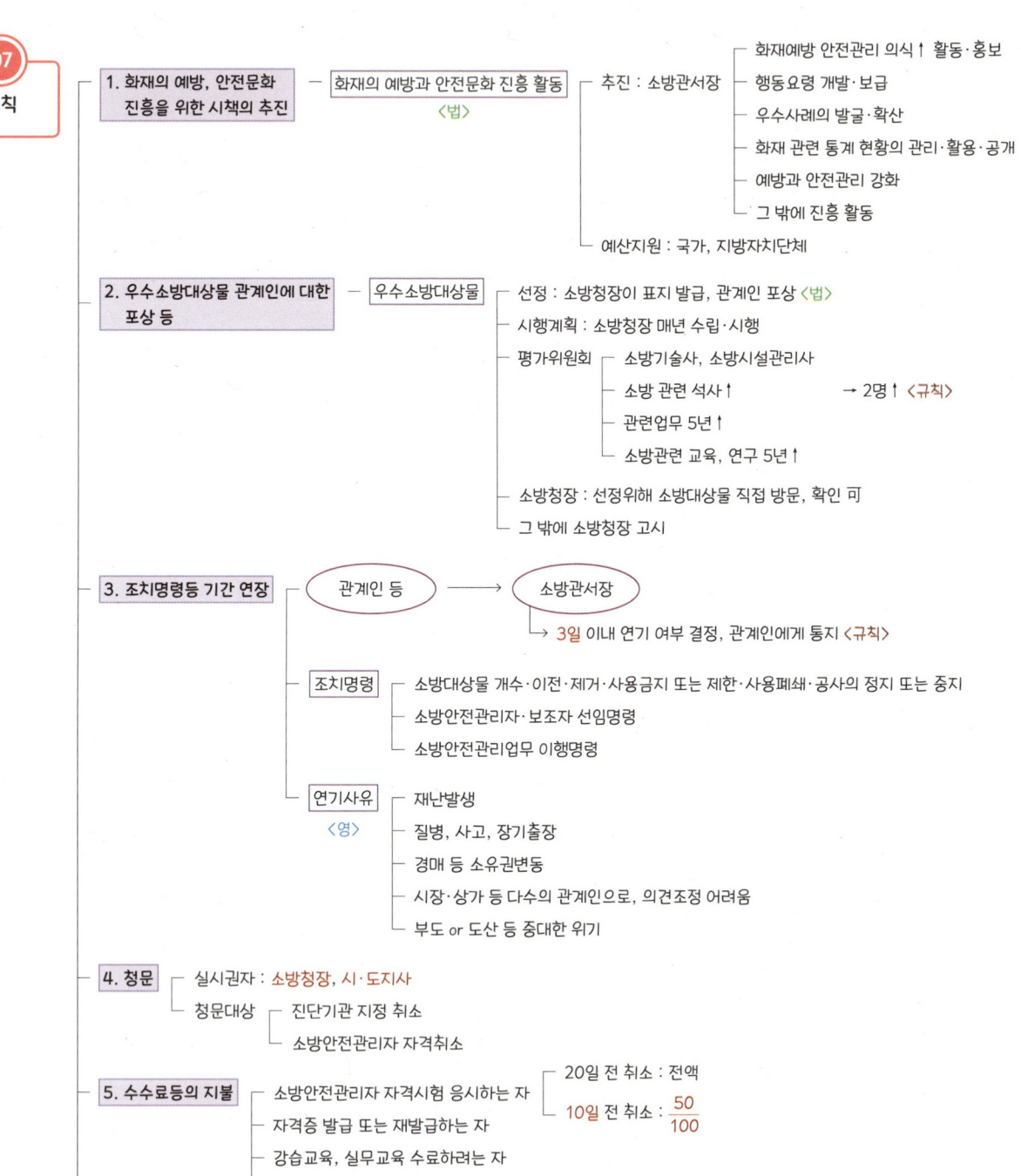

황정은 소설집
百의 그림자
민음사

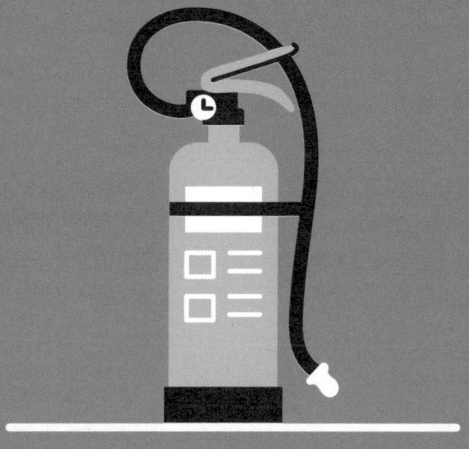

PART 05
소방시설공사업법

PART 05 | 소방시설공사업법

01 총칙

1. 목적 〈법〉
- 소방시설공사, 소방기술 관리 필요사항 규정
- 소방시설업 건전하게 발전
- 소방기술 진흥
- 목적 : **공공의 안전**, 국민경제 이바지

2. 용어정의 〈법〉
- 소방시설업 〈법〉
  - 소방시설설계업 : 설계도서작성 (공사계획, 설계도면, 설계설명서, 기술계산서)
  - 소방시설공사업 : 설계도서 → 소방시설을 신설, 증설, 개설, 이전, 정비
  - 소방공사감리업
    - 공사발주자 권한 대행
    - 설계도서, 관계법령 : 적법 시공확인, 품질·시공관리 기술지도
  - 방염처리업 : 방염대상물품 → 방염처리
- 소방시설업자 : 소방시설업 → 등록한 자
- 감리원 : 소방공사감리업자 소속 소방기술자 → 감리하는 자
- 소방기술자
  - 소방기술·경력 인정자
  - 소방시설관리업 기술인력 등록
    - 소방시설관리사
    - 소방기술사, 소방설비기사, 소방설비산업기사
    - 위험물기능장, 위험물산업기사, 위험물기능사
- 발주자
  - 소방시설공사등 소방시설업자에게 도급하는 자
  - 다만, 수급인으로서 도급받은 공사를 하도급 하는 자는 제외

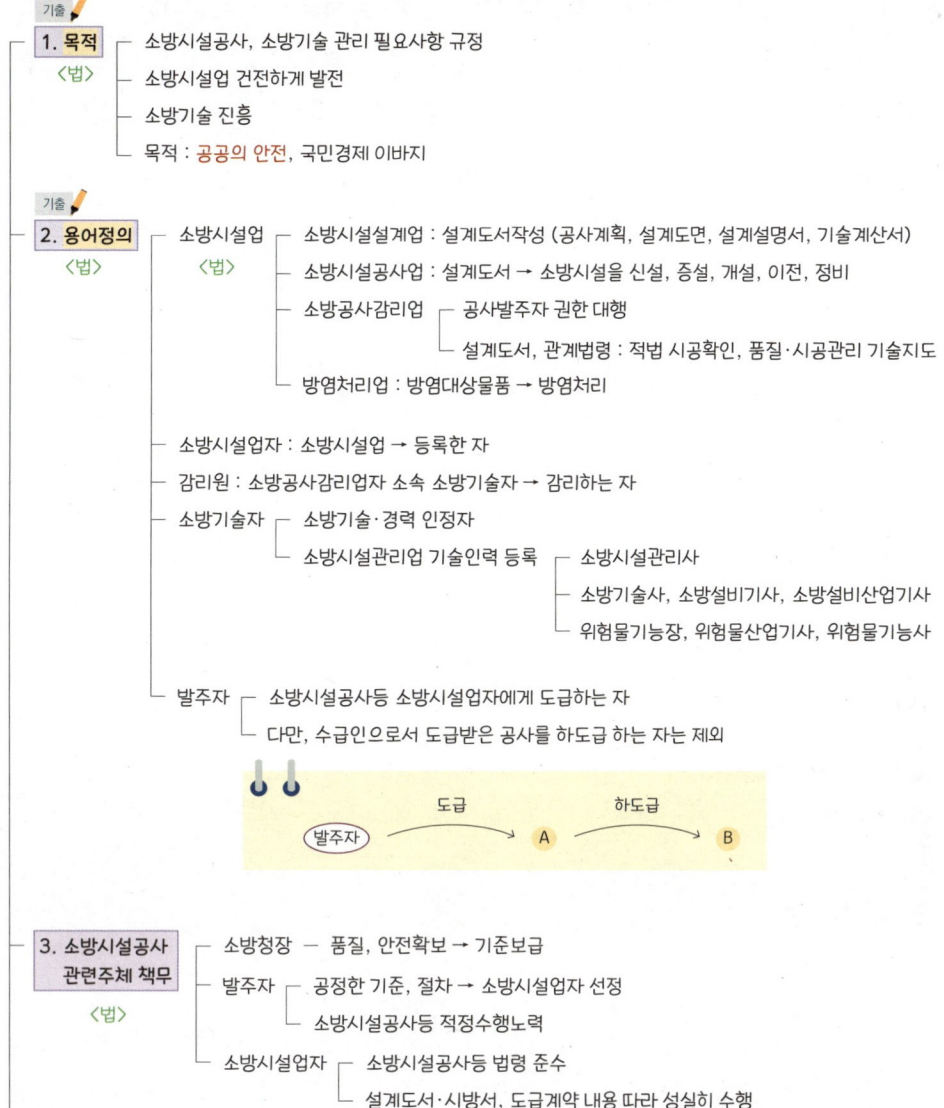

3. 소방시설공사 관련주체 책무 〈법〉
- 소방청장 — 품질, 안전확보 → 기준보급
- 발주자
  - 공정한 기준, 절차 → 소방시설업자 선정
  - 소방시설공사등 적정수행노력
- 소방시설업자
  - 소방시설공사등 법령 준수
  - 설계도서·시방서, 도급계약 내용 따라 성실히 수행

 소방시설업

1. 소방시설업 등록

- 등록신청
  - 자본금(개인 : 자산평가액) + 기술인력 등 → 시·도지사에게 등록 〈법〉
  - 등록신청서 —제출→ 소방시설업자협회 〈규칙〉
  - 서류 〈규칙〉
    - 신청인 증명서류, 기술인력 증빙서류
    - 출자·예치·담보금액확인서 (소방시설공사업만 해당)
    - 90일 이내 작성 자산평가액 or 기업진단보고서(공사업)
    - 신청인(외국인) : 등록결격사유에 해당하지 않음을 확인할 수 있는 서류

- 보완 : 10일 이내 〈규칙〉
- 서류검토·확인 : 협회 → 시·도지사, 7일 이내 〈규칙〉
- 발급 : 시·도지사, 15일 이내 (협회경유) 〈규칙〉
- 재발급 : 시·도지사, 3일 이내 (협회경유) 〈규칙〉
- 소방시설업 미등록 영업 : 3년 이하 징역 또는 3,000만 원 이하 벌금 〈법〉

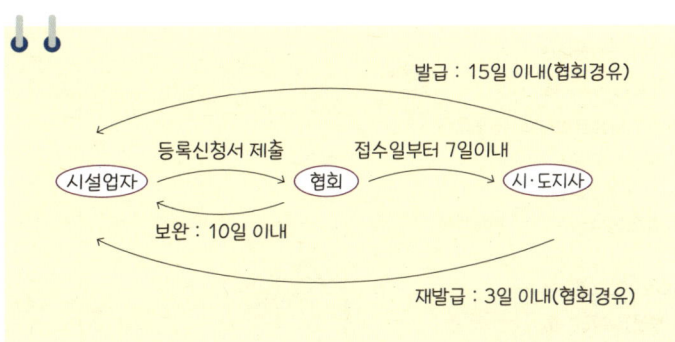

〈소방시설업 등록〉
특정소방대상물의 소방시설공사등을 하려는 자는 (업종별)로 (자본금), (기술인력) 등 대통령령으로 정하는 요건을 갖추어 시·도지사에게 소방시설업을 등록하여야 한다.

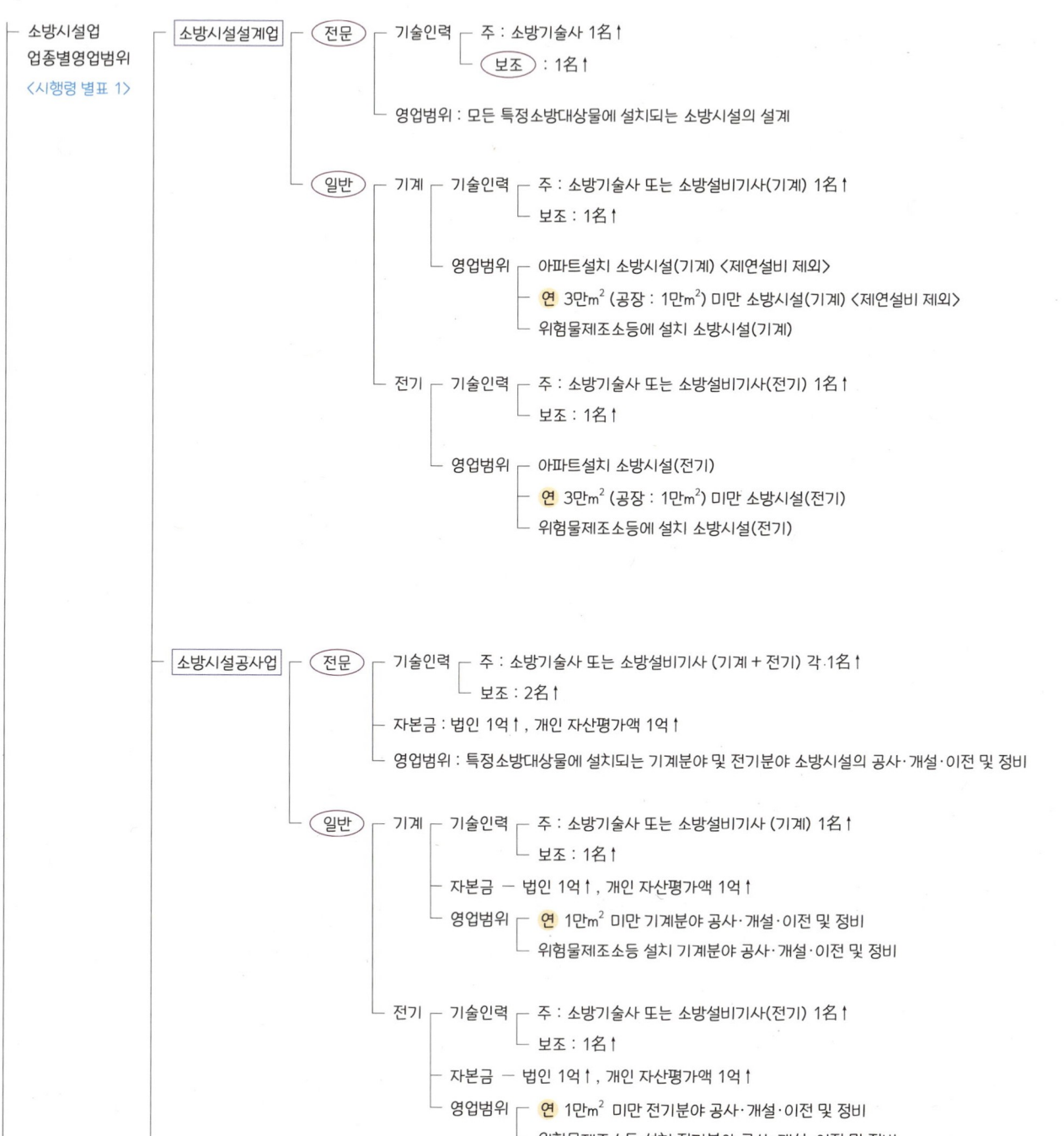

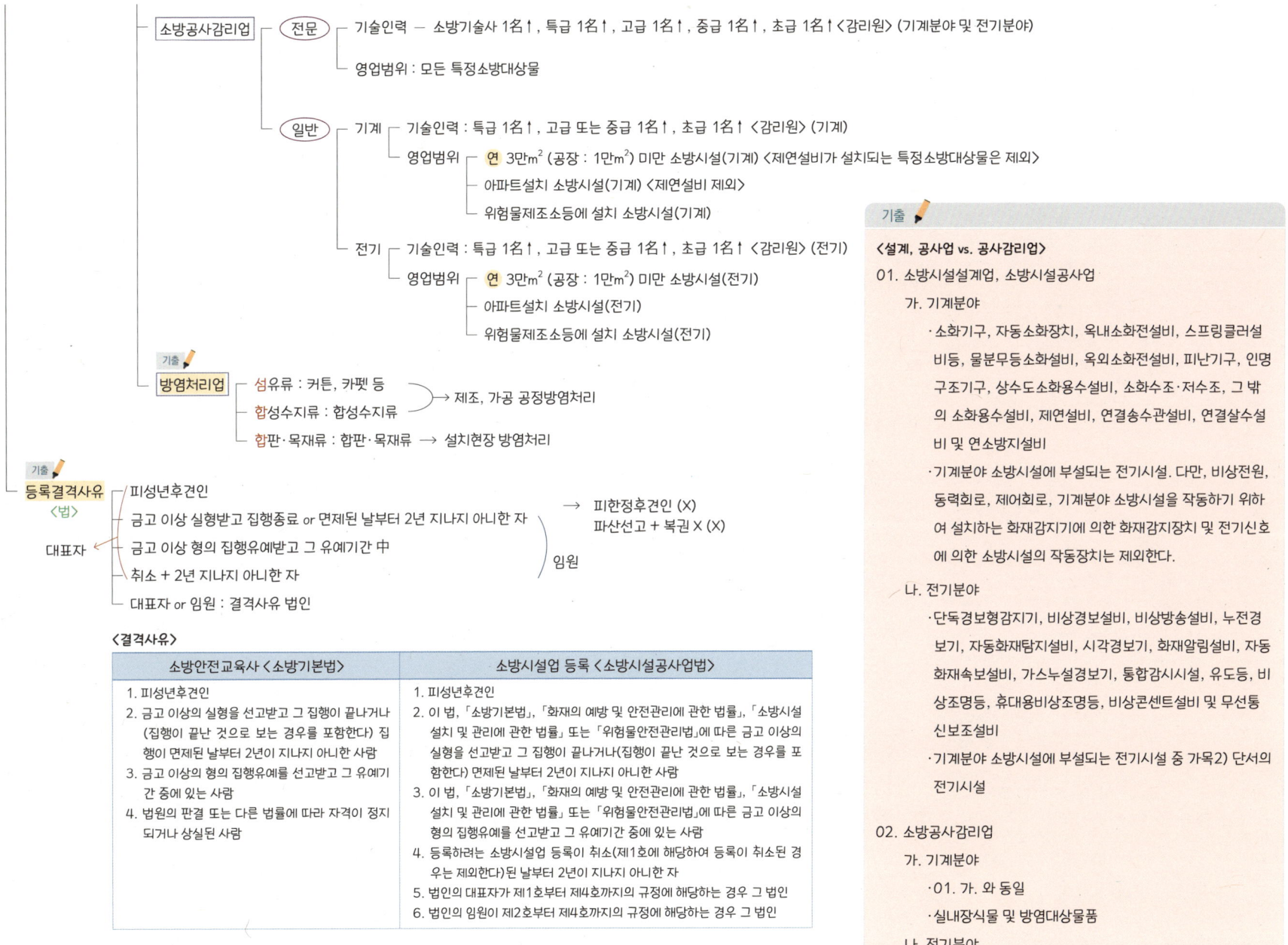

6. 등록취소 영업정지 〈법〉

- 명령 : 시·도지사
- 취소 (반드시)
  - 거짓, 부정등록
  - 등록결격사유
  - 영업정지기간 중 소방시설공사등 (설계·시공·감리·방염)
- 취소 또는 영업정지
  - 6개월 이내 정지, 취소
  - 사유
    - 등록기준 미달된 후 30일 경과, 정당사유없이 1년 이상 휴업, 등록증 또는 등록수첩 대여, 시공 + 감리 함께 하는 경우, 착공신고 거짓, 완공검사를 받지 않은 경우
    - 업무수행의무위반 → 다른 자에게 상해 or 재산피해, 소속 소방기술자 배치 X or 거짓
- 적용제외 : 상속인 결격사유 → 6개월 미적용
- 등록취소 처분등 통보 : 시·도지사 → 발주자
- 영업정지기간 중 영업 : 1년 이하 징역 또는 1,000만 원 이하 벌금

7. 과징금 처분 〈법〉

- 과징금 부과자 : 시·도지사
- 금액 : 영업정지처분 갈음 2억 원 이하
- 필요사항 : 행정안전부령

03 소방시설 공사등

1. 설계

- 설계 〈법〉
  - 설계업자 → 화재안전기준 소방시설 설계
  - 예외 : 중앙소방기술심의위원회 심의 → 특수한 설계 인정된 경우 화재안전기준을 따르지 아니할 수 있다
- 성능위주설계
  - 신축 〈법〉
  - 용도, 위치, 구조, 수용인원, 가연물 종류·양 고려 〈법〉
  - 자격 : 전문소방시설설계업 등록한 자, 전문소방시설설계업 등록기준에 따른 연구기관 또는 단체 〈영〉
  - 기술인력 : 소방기술사 2명↑ 〈영〉

2. 시공

- 시공 〈법〉
  - 공사업자
  - 배치 : 공사업자 → 소속 소방기술자 배치
- 소방기술자 배치기준 〈시행령 별표2〉
  - 특급기술자 (기계·전기)
    - 연 20만m² ↑
    - 지하층 포함 40층 ↑
  - 고급기술자 (기계·전기)
    - 연 3만 이상 ~ 20만m² 미만(아파트 제외)
    - 지하층 포함 16층 이상 ~ 40층 미만
  - 중급기술자 (기계·전기)
    - 물분무등(호스릴 제외), 제연설비
    - 연 5천 이상 ~ 3만m² 미만 (아파트 제외)
    - 연 1만 이상 ~ 20만m² 미만 아파트
  - 초급기술자 (기계·전기)
    - 연 1천 이상 ~ 5천m² 미만 (아파트 제외)
    - 연 1천 이상 ~ 1만m² 미만 아파트
    - 지하구 공사현장
  - 자격수첩 : 연 1천m² 미만

3. 착공신고

- **신고**: 공사업자 —(착공전까지)→ 소방본부장, 소방서장 〈규칙〉
- 소방본부장 또는 소방서장은 착공신고 또는 변경신고의 신고수리 여부 통지 (2일 이내) → 신고인 〈법〉

- **착공신고대상** 〈영〉
  제조소등 or 다중이용업소의 소방시설공사 제외
  - **신설공사**
    - 옥내·옥외소화전설비, 스프링클러설비등, 물분무등소화설비, 무선통신보조설비, 비상콘센트설비, 연결송수관설비, 연결살수설비, 제연설비, 소화용수설비, 연소방지설비,
    - 자동화재탐지설비, 비상경보설비, 비상방송설비,
    - 자동화재속보설비 X
  - **증설공사**
    - 옥내·옥외소화전설비
    - 방호구역 : 스프링클러설비, 간이스프링클러설비, 물분무등소화설비
    - 경계구역 : 자동화재탐지설비
    - 제연구역 : 제연설비
    - 살수구역 : 연결살수설비, 연소방지설비
    - 송수구역 : 연결송수관설비
    - 전용회로 : 비상콘센트설비
  - **개설, 이전, 정비공사** — 수신반, 소화펌프, 동력(감시)제어반

- 중요사항 변경신고 : 공사업자 —(30일 이내)→ 소방본부장, 소방서장 〈규칙〉
- **중요사항** 〈규칙〉
  - 시공자
  - 소방시설의 종류
  - 소방기술자
- **발급** 〈규칙〉
  - 소방본부장, 소방서장
  - 2일 이내 통보

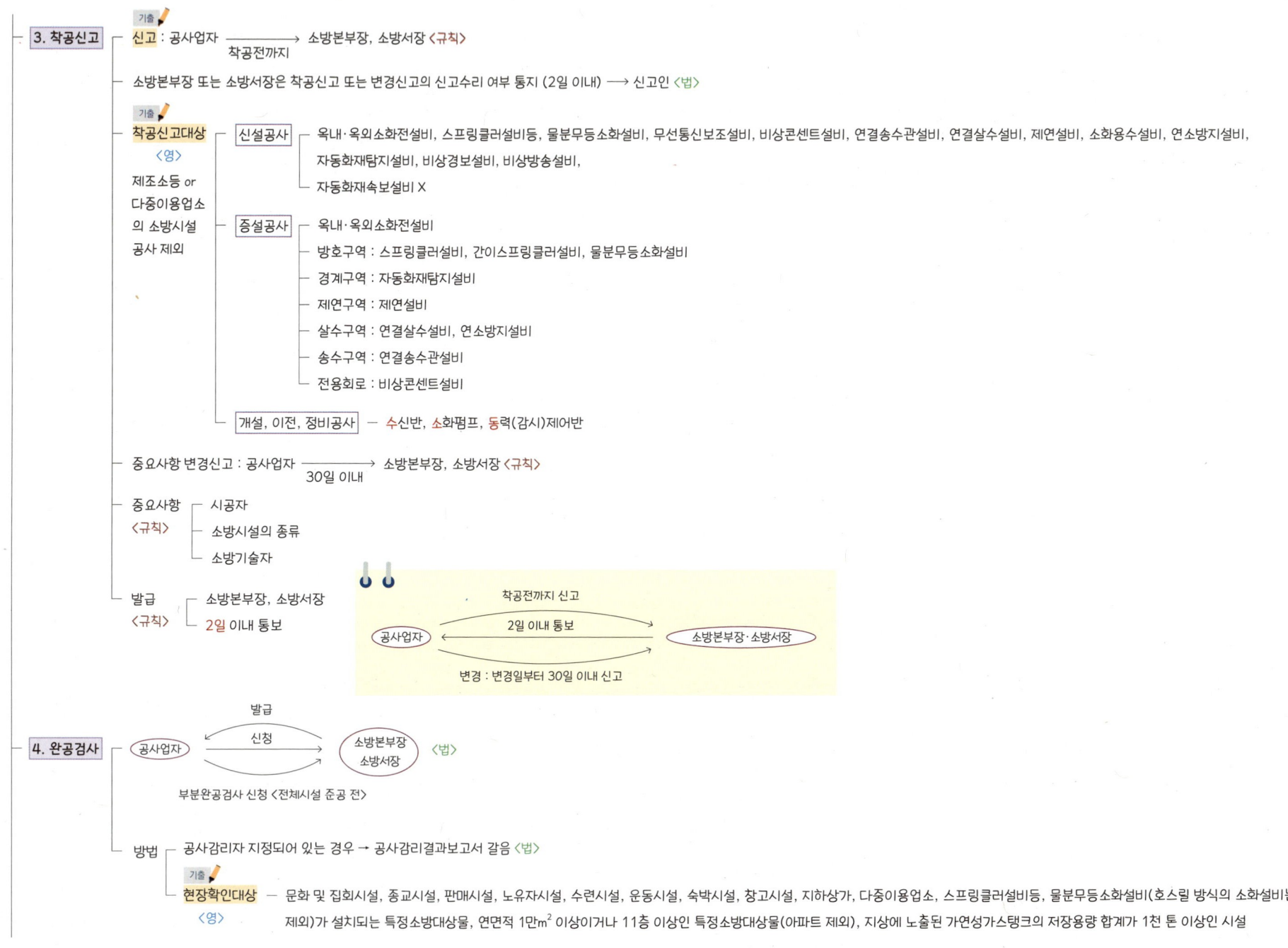

착공전까지 신고
공사업자 ←2일 이내 통보→ 소방본부장·소방서장
변경 : 변경일부터 30일 이내 신고

4. 완공검사

- 공사업자 —(발급/신청)→ 소방본부장, 소방서장 〈법〉
  - 부분완공검사 신청 〈전체시설 준공 전〉
- **방법**
  - 공사감리자 지정되어 있는 경우 → 공사감리결과보고서 갈음 〈법〉
  - **현장확인대상** 〈영〉 — 문화 및 집회시설, 종교시설, 판매시설, 노유자시설, 수련시설, 운동시설, 숙박시설, 창고시설, 지하상가, 다중이용업소, 스프링클러설비등, 물분무등소화설비(호스릴 방식의 소화설비는 제외)가 설치되는 특정소방대상물, 연면적 1만m^2 이상이거나 11층 이상인 특정소방대상물(아파트 제외), 지상에 노출된 가연성가스탱크의 저장용량 합계가 1천 톤 이상인 시설

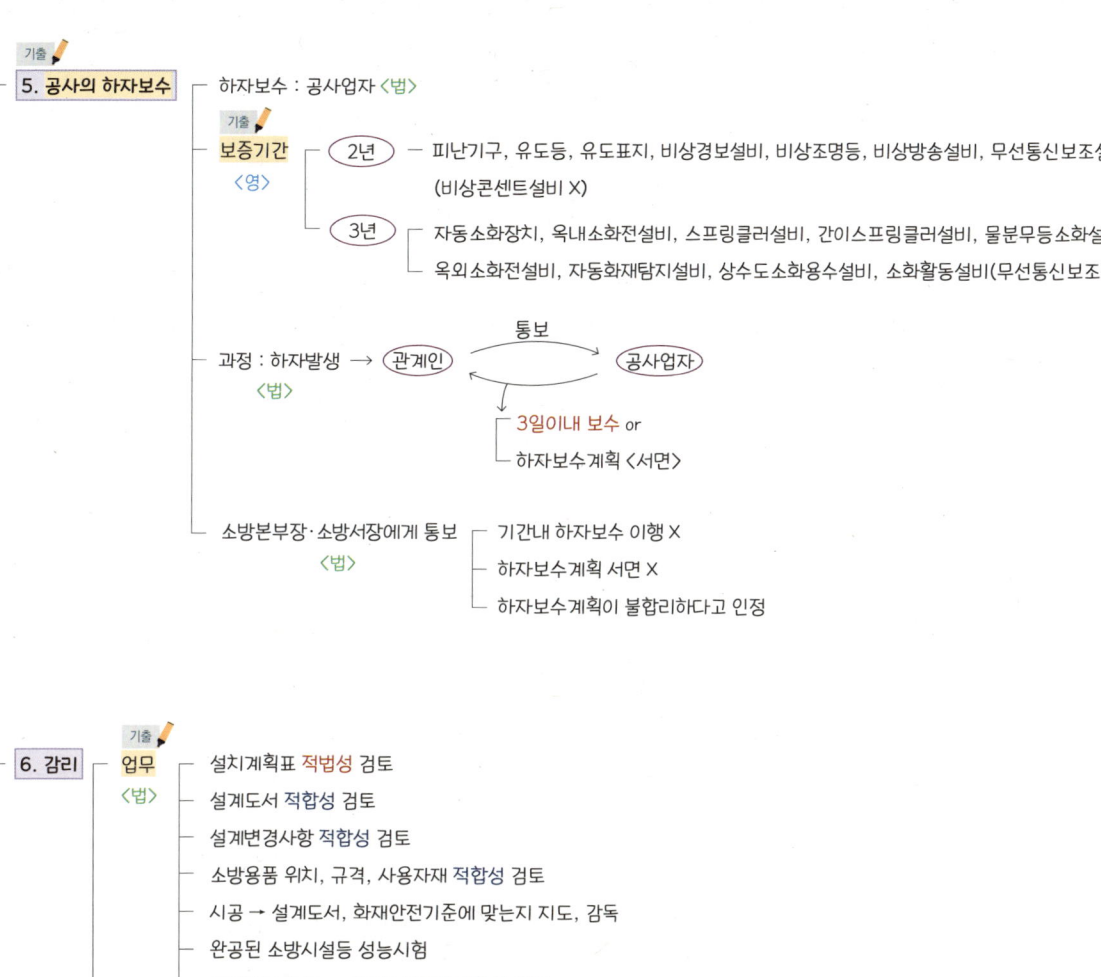

> 기출
>
> - 특정소방대상물의 관계인 또는 발주자는 소방시설공사 등을 도급할 때에는 해당 소방시설업자에게 도급하여야 한다.
> - 소방본부장이나 소방서장은 완공검사나 부분완공검사를 하였을 때에는 완공검사증명서나 부분완공검사증명서를 발급하여야 한다.
> - 관계인은 하자보수기간에 소방시설의 하자가 발생하였을 때에는 공사업자에게 그 사실을 알려야 하며, 통보를 받은 공사업자는 3일 이내에 하자를 보수하거나 보수 일정을 기록한 하자보수계획을 관계인에게 서면으로 알려야 한다.
> - 소방시설업의 등록을 한 후 정당한 사유 없이 1년이 지날 때까지 영업을 시작하지 아니하거나 계속하여 1년 이상 휴업함으로써 그 이용자에게 불편을 줄 때에는 영업정지처분을 갈음하여 2억 원 이하의 과징금을 부과할 수 있다.

7. 공사감리자 지정

- 지정자 : 관계인(특정소방대상물)〈법〉
- **[기출]** 신고
  - 관계인 → 소방본부장, 소방서장 (착공 전까지) 〈법〉
  - 소방본부장 또는 소방서장은 지정신고 또는 변경신고의 신고수리 여부 통지 (2일 이내) → 신고인 〈법〉
  - 변경신고 : 변경일부터 30일 이내 〈규칙〉
  - 통보 : 2일 이내 〈규칙〉
- 지정 X : 1년 이하 징역 또는 1,000만 원 이하 벌금 〈법〉

```
                        착공 전까지
        관계인 ←── 통보 : 2일 이내 ──→ 소방본부장·소방서장
        공사감리자가 변경된 경우 변경일부터 30일 이내 서류 제출
```

- **[기출]** 특정소방대상물 범위 〈영〉
  - 신설, 개설, 증설
    - 옥내(옥외)소화전설비 신설·개설·증설
    - 스프링클러설비등(캐비닛형 간이스프링클러설비 제외) 신설·개설, 방호·방수 구역 증설
    - 물분무등소화설비(호스릴 방식의 소화설비는 제외) 신설·개설, 방호·방수 구역 증설
    - 제연설비 신설·개설, 제연구역 증설
    - 연결살수설비 신설·개설, 송수구역 증설
    - 비상콘센트설비 신설·개설, 전용회로 증설
    - 연소방지설비 신설·개설, 살수구역 증설
  - 신설, 개설 — 통합감시시설, 소화용수설비, 연결송수관설비, 무선통신보조설비, 자동화재탐지설비, 비상방송설비

8. 감리원 배치

- 배치자 : 감리업자 → 소속감리원 현장배치 〈법〉
- 위반 : 300만 원 이하 벌금 〈법〉
- **[기출]** 소방공사 감리원 배치기준 〈시행령 별표4〉

배치기준		소방시설공사 현장기준
책임	보조	
특급 중 소방기술사	초급 이상 (기계·전기)	· 연 20만m² ↑ · 지하층 포함 40층 ↑
특급 이상 (기계·전기)	초급 이상 (기계·전기)	· 연 3만 이상 ~ 20만m² 미만 (아파트 제외) · 지하층 포함 16층 이상 ~ 40층 미만
고급 이상 (기계·전기)	초급 이상 (기계·전기)	· 물분무등소화설비(호스릴 방식의 소화설비 제외), 제연설비 · 연 3만 이상 ~20만m² 미만 아파트
중급 이상(기계·전기)		· 연 5천 이상 ~3만m² 미만
초급 이상(기계·전기)		· 연 5천m² 미만 · 지하구

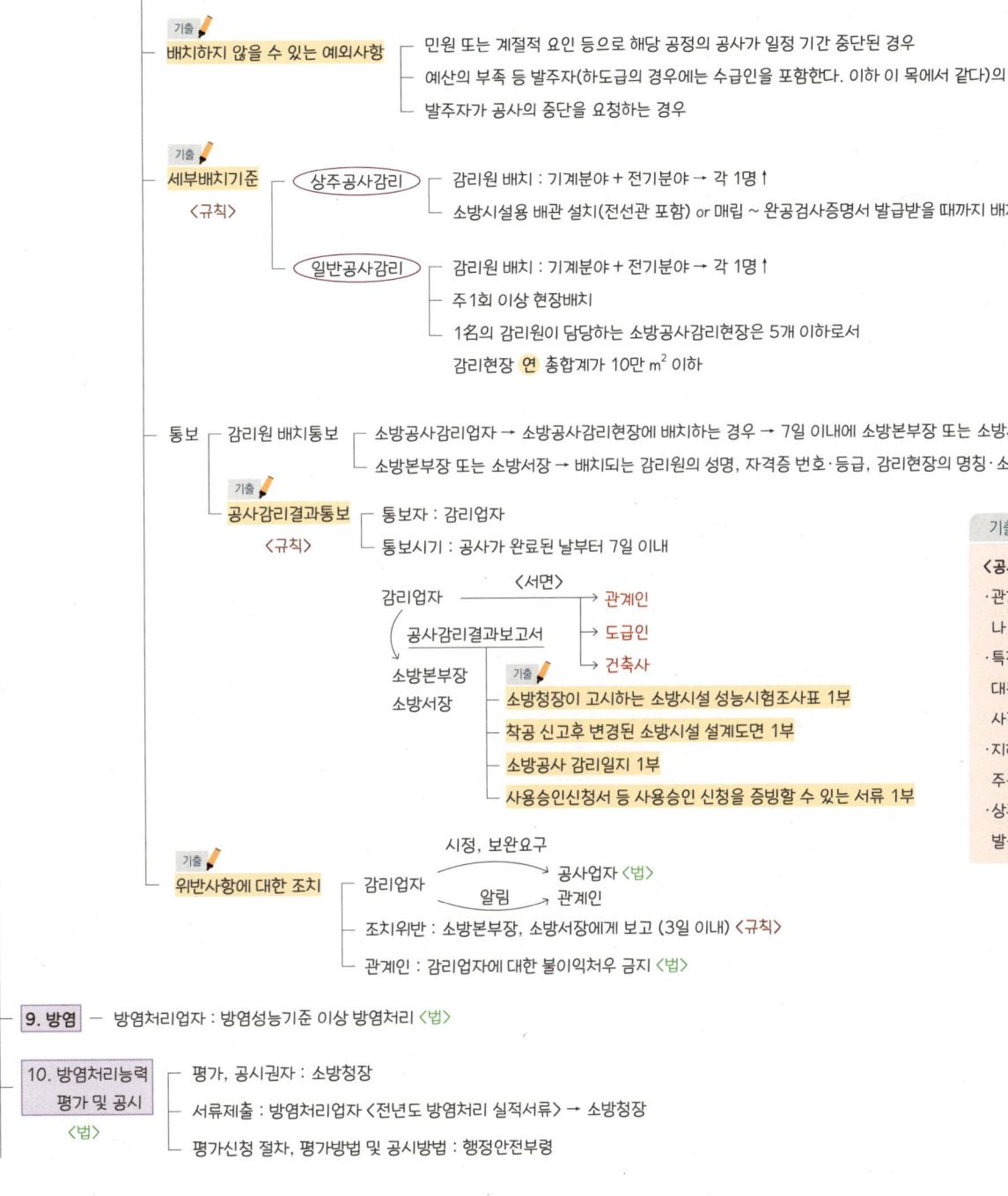

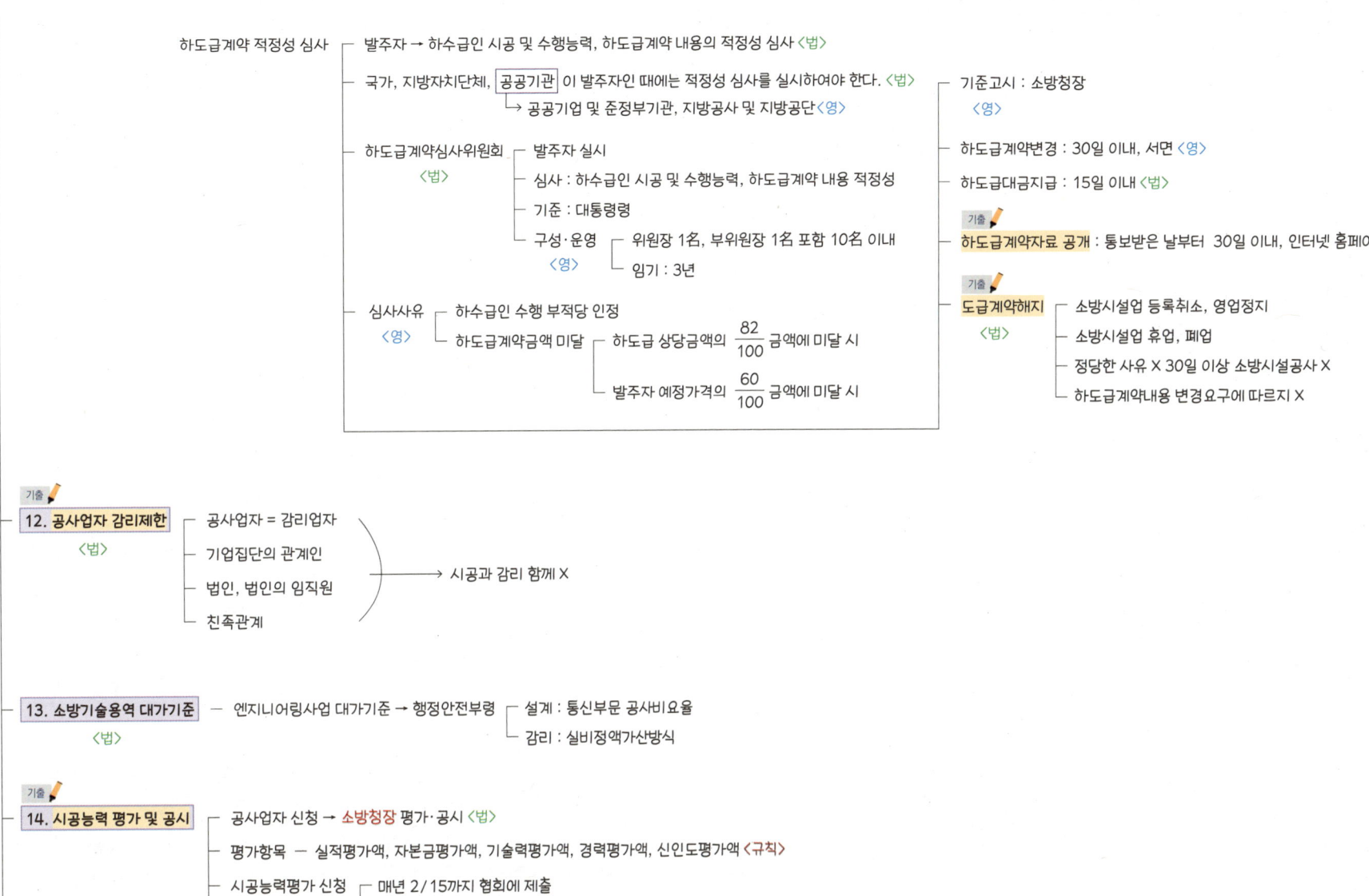

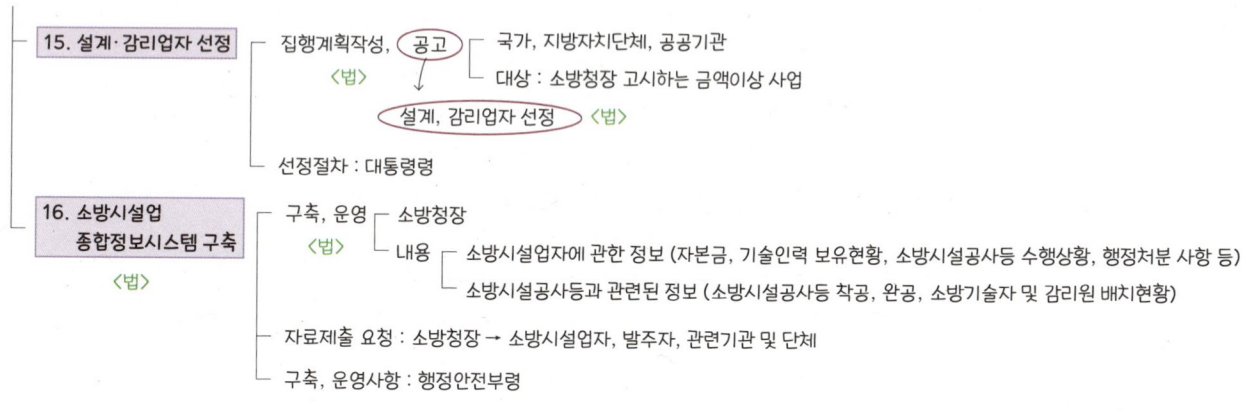

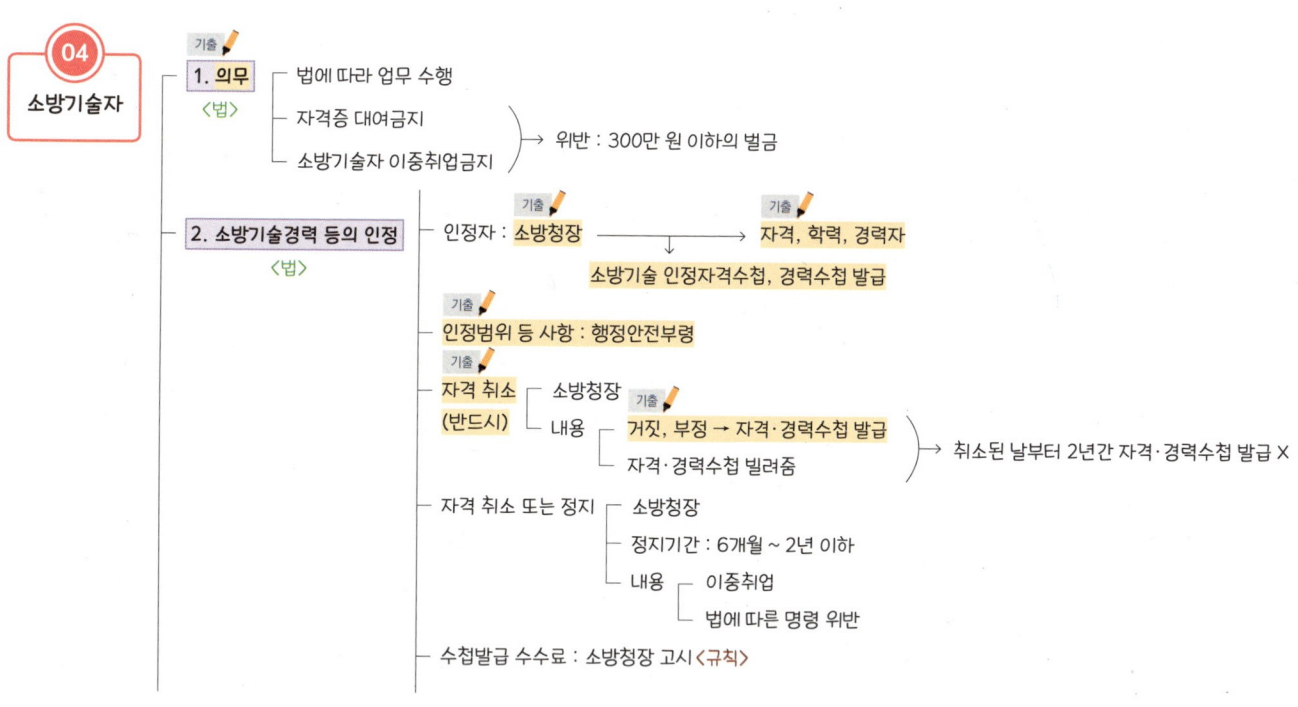

<소방기술자 양성·인정 교육훈련기관 지정요건>
- 교육 과목별 교재 및 강사 메뉴얼을 갖출 것
- 소방기술자 양성·인정 교육훈련을 실시할 수 있는 전담인력 6명 이상 갖출 것
- 전국 4개 이상 시·도에 이론교육과 실습교육이 가능한 교육·훈련장을 갖출 것
- 교육훈련의 신청·수료, 성과측정, 경력관리 등에 필요한 교육훈련 관리시스템을 구축·운영할 것

소방기술자 경력수첩의 자격구분

가. 소방기술자의 기술등급

1) 기술자격에 따른 기술등급(전기, 기계)

	특	고	중	초
소방기술사	○	○	○	○
소방시설관리사	5	○	○	○
건축(기계/전기)설비기술사	5	3	○	○
소방설비기사	8	5	○	○
소방설비산업기사	11	8	3	○
건축기사(전기기사) 위험물기능장(전기기능장)	13	11	5	2
건축(전기)산업기사 위험물산업기사	·	13	8	4
위험물기능사(기계만)	·	·	·	6

2) 학력·경력 등에 따른 기술등급

		특	고	중	초
학력·경력자	박사	3	1	○	○
	석사	7	4	2	○
	학사	11	7	5	○
	전문학사	15	10	8	2
	고등(소방학과)	·	13	10	3
	고등(전기,산업,기계,건축,화학)	·	15	12	5
경력자	학사	·	12	9	3
	전문학사	·	15	12	5
	고등학교	·	18	15	7
	소방관련업무	·	22	18	9

나. 소방공사감리원의 기술등급(전기, 기계)

	특	고	중	초
소방기술사	○	○	○	○
소방설비기사	8	5	3	1
소방설비산업기사	12	8	6	2
초급감리원	·	·	5	·
학사	·	·	·	1
전문학사	·	·	·	3
고등(소방학과)	·	·	·	4
소방공무원	·	·	·	3
소방관련업무	·	·	·	5

다. 소방시설 자체점검 점검자의 기술등급

1) 기술자격에 따른 기술등급

	특	고	중	초
소방기술사 소방시설관리사	○	○	○	○
소방설비기사	8	5	○	○
소방설비산업기사	10	8	3	○
건축설비기사 위험물기능장	·	15	10	○
건축산업기사 위험물기능사	·	·	·	○

2) 학력·경력 등에 따른 기술등급

		고	중	초
학력·경력자	학사	9	6	○
	전문학사	12	9	○
	고등학교	·	12	○
	대학(소방안전,전기,산업, 기계, 건축, 화학),고등(소방학과)	·	·	○
경력자	학사	12	9	·
	전문학사	15	12	·
	소방관련 업무	22	18	5
	고등학교	·	15	
	4년제 대학	·	·	1
	전문대학	·	·	3
	소방공무원	·	·	3

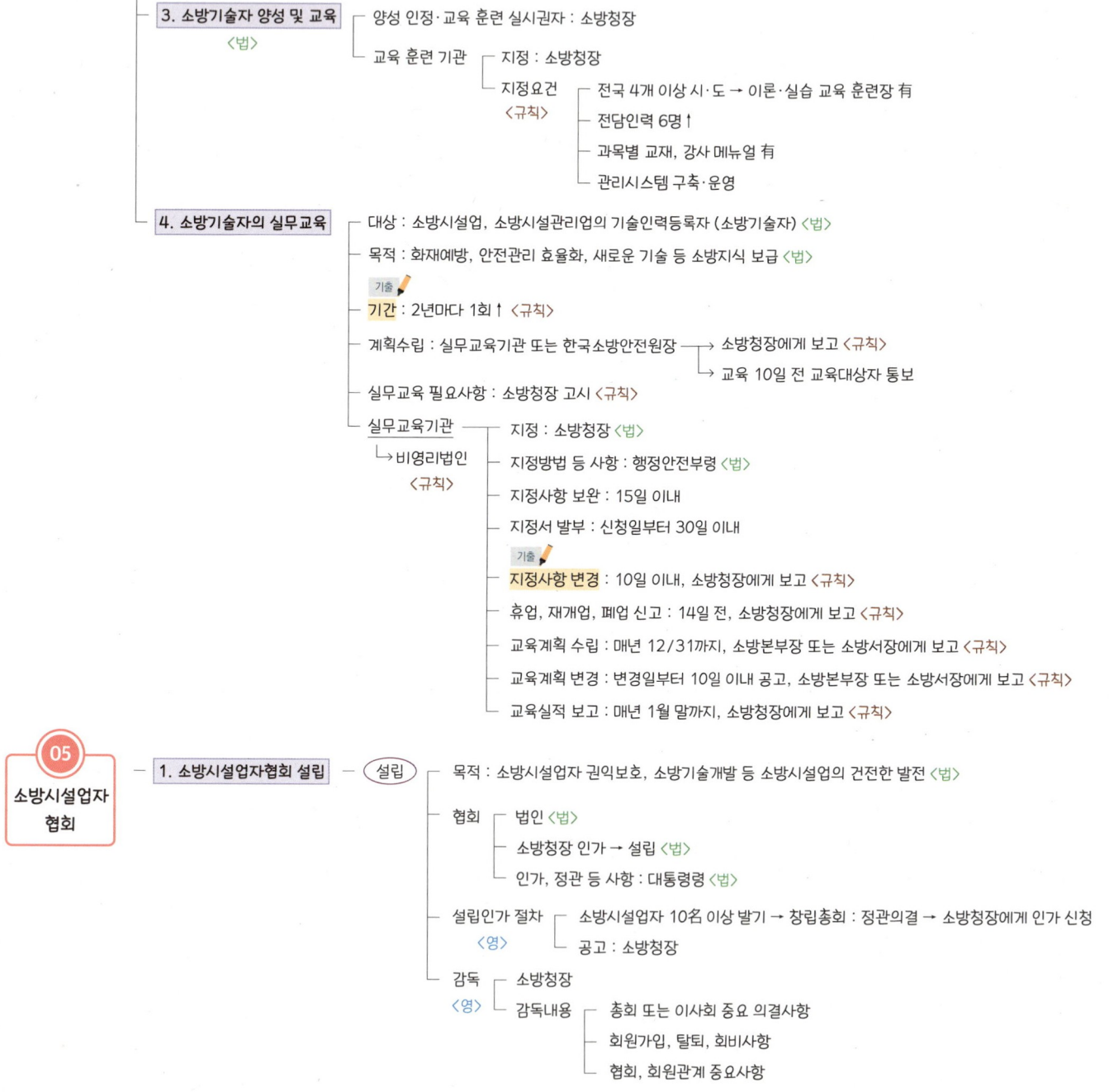

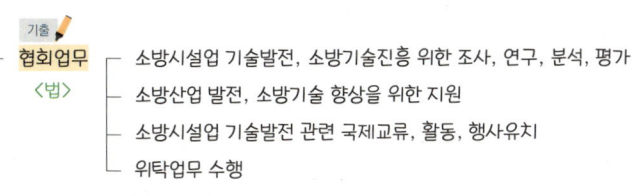
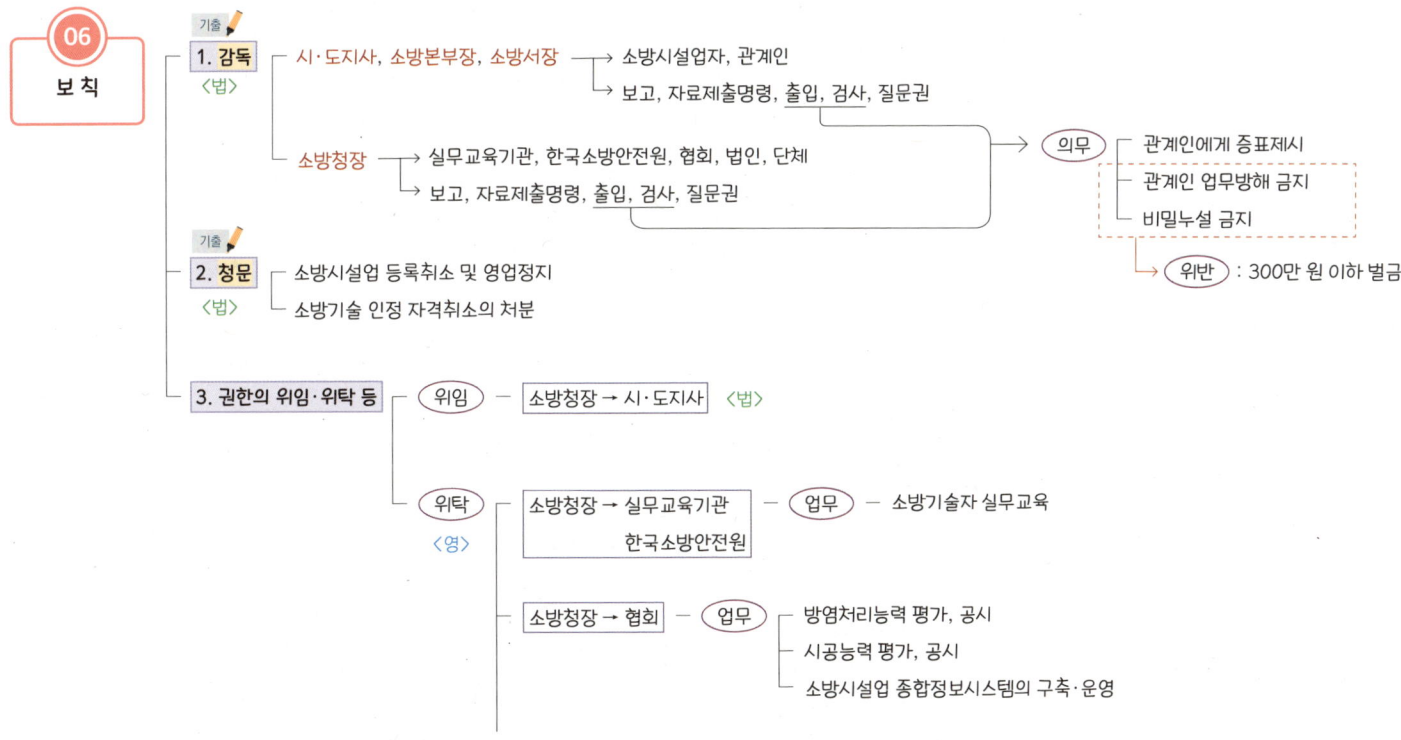

- 시·도지사 → 협회 — 업무
  - 소방시설업 등록신청 접수, 신청내용 확인
  - 소방시설업 등록사항 변경신고 접수, 신고내용 확인
  - 소방시설업 휴업, 폐업 또는 재개업 신고접수, 신고내용 확인
  - 소방시설업자 지위승계 신고접수, 신고내용 확인
- 소방청장 → 협회, 법인, 단체 — 업무
  - 소방기술관련 자격·학력·경력 인정업무
  - 소방기술자 양성·인정 교육훈련 업무

07 벌칙

- **3년 이하 징역 또는 3,000만 원 이하 벌금**
  - 소방시설업 등록하지 않고 영업한 자
  - 부정한 청탁을 받거나 행한 자

- **1년 이하 징역 또는 1,000만 원 이하 벌금**
  - 영업정지처분 → 영업정지기간 중 소방시설업 업무
  - 설계, 시공 (규정위반)
  - 감리 (규정위반), 거짓감리
  - 공사감리자 지정 X (규정위반)
  - 거짓보고 (규정위반)
  - 공사감리 결과 거짓통보, 공사감리 결과보고서 거짓제출 (규정위반)
  - 소방시설업자가 아닌 자에게 소방시설공사 등 도급 (규정위반)
  - 제3자 하도급 (규정위반)
  - 하도급 받은 소방시설공사를 다시 하도급한 자
  - 소방기술자의 의무를 위반하여 법 또는 명령을 따르지 아니하고 업무를 수행한 자

- **300만 원 이하 벌금**
  - 등록증, 등록수첩 대여 (규정위반)
  - 공사현장에 감리원 미배치 (규정위반)
  - 감리업자 시정, 보완요구에 따르지 아니하는 자
  - 공사감리계약 해지, 대가 지급거부·지연·불이익 (규정위반)
  - 소방시설공사를 다른 업종의 공사와 분리하여 도급하지 아니한 자 (규정위반)
  - 소방기술인정 자격수첩 대여 (규정위반)
  - 이중취업 (규정위반)
  - 관계인 업무방해, 비밀누설

- **100만 원 이하 벌금**
  - 소방청장의 업무를 위탁받은 실무교육기관 or 한국소방안전원 등에 필요한 보고·자료제출 X, 거짓보고·자료제출
  - 소방시설업의 감독에 대한 규정을 위반하여 정당한 사유 X 관계공무원 출입·검사·조사 기피

- **200만 원 이하 과태료**
  - 부과권자 : 시·도지사
    - 소방본부장
    - 또는 소방서장

  - 등록사항 변경신고, 휴업·폐업신고, 소방시설업자 지위승계, 착공신고, 공사감리자 지정위반 → 신고 X, 거짓신고 〈60, 100, 200〉
  - 관계인에게 지위승계, 행정처분, 휴업, 폐업 → 거짓통지 〈60, 100, 200〉
  - 관계서류 미보관(하자보수 보증기간 동안) 〈200〉
  - 소방기술자 : 공사현장에 배치 X 〈200〉
  - 완공검사 X 〈200〉
  - 3일 이내 하자보수 X, 하자보수계획 거짓통지 〈60, 100, 200〉
  - 감리관계서류 인수, 인계 X 〈200〉
  - 배치통보, 변경통보 → X, 거짓통보 〈60, 100, 200〉
  - 방염 : 방염성능기준 미만 〈200〉
  - 방염 : 방염처리능력 평가 서류 거짓 제출 〈200〉
  - 도급계약 체결시 의무이행 X 〈200〉
  - 하도급통지 X 〈60, 100, 200〉
  - 시공능력평가, 공시자료 거짓제출 〈200〉
  - 보고, 자료제출 X, 거짓보고·자료제출(감독) 〈60, 100, 200〉
  - 공사대금 담보 제공, 보험료, 사유 없이 이행 X 〈200〉
  - 사업수행능력 평가 서류 위조, 부정한 방법 입찰한 자 〈200〉

김 동 준
소방관계법규
합 격 노 트

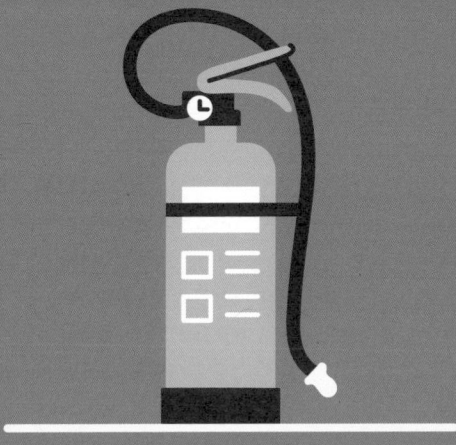

PART 06
위험물안전관리법

PART 06 | 위험물안전관리법

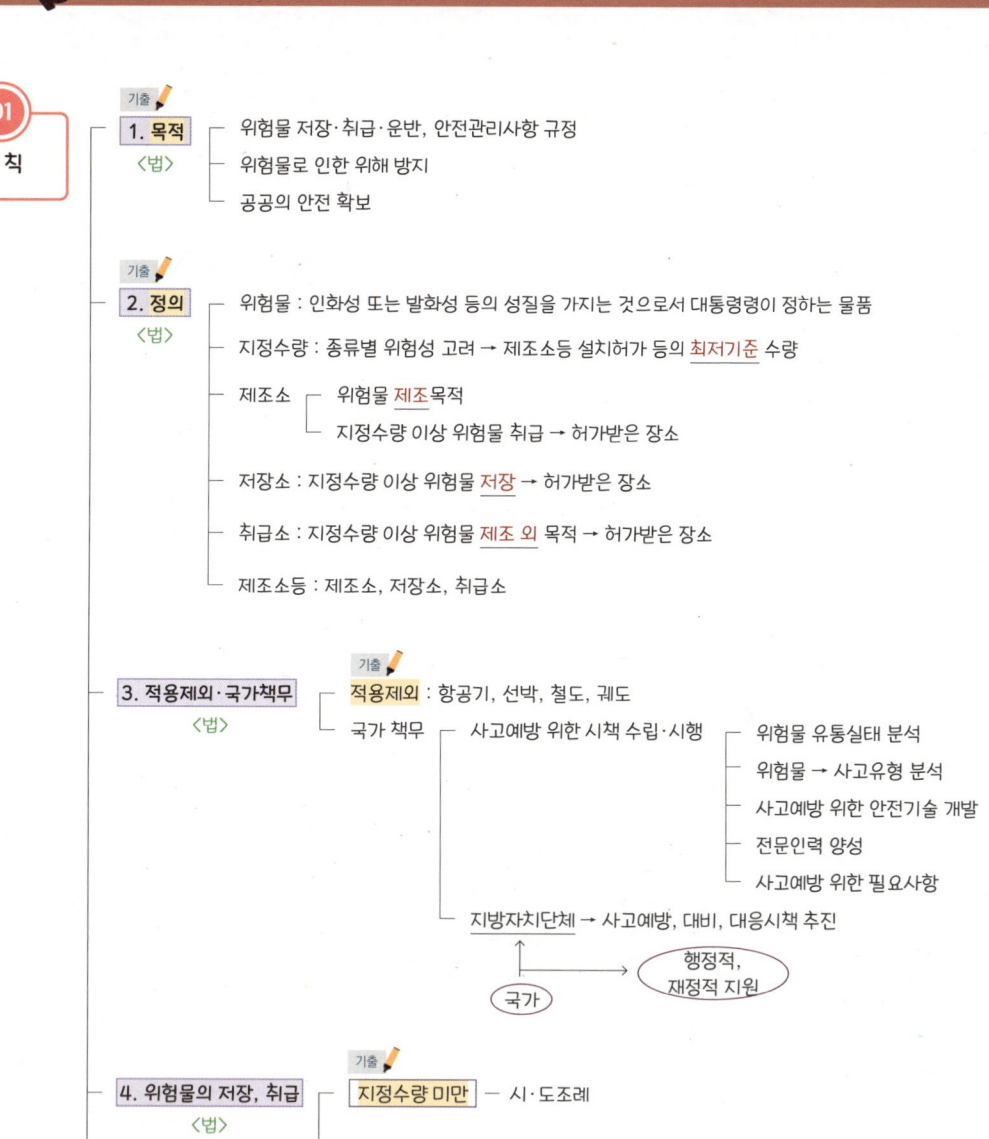

01 총칙

1. 목적 〈법〉 [기출]
- 위험물 저장·취급·운반, 안전관리사항 규정
- 위험물로 인한 위해 방지
- 공공의 안전 확보

2. 정의 〈법〉 [기출]
- 위험물 : 인화성 또는 발화성 등의 성질을 가지는 것으로서 대통령령이 정하는 물품
- 지정수량 : 종류별 위험성 고려 → 제조소등 설치허가 등의 <u>최저기준</u> 수량
- 제조소
  - 위험물 <u>제조</u>목적
  - 지정수량 이상 위험물 취급 → 허가받은 장소
- 저장소 : 지정수량 이상 위험물 <u>저장</u> → 허가받은 장소
- 취급소 : 지정수량 이상 위험물 <u>제조 외</u> 목적 → 허가받은 장소
- 제조소등 : 제조소, 저장소, 취급소

3. 적용제외·국가책무 〈법〉
- <u>적용제외</u> : 항공기, 선박, 철도, 궤도 [기출]
- 국가 책무
  - 사고예방 위한 시책 수립·시행
    - 위험물 유통실태 분석
    - 위험물 → 사고유형 분석
    - 사고예방 위한 안전기술 개발
    - 전문인력 양성
    - 사고예방 위한 필요사항
  - 지방자치단체 → 사고예방, 대비, 대응시책 추진
    - 국가 → 행정적, 재정적 지원

4. 위험물의 저장, 취급 〈법〉 [기출]
- <u>지정수량 미만</u> — 시·도조례

• **탱크용적 산정기준** 〈규칙〉
  - 탱크용량 = 탱크내용적 − 공간용적

• **지정수량 환산** 〈법〉
$$1 \leq \frac{\text{Ⓐ 저장수량}}{\text{Ⓐ 지정수량}} + \frac{\text{Ⓑ}}{\text{Ⓑ}} + \frac{\text{Ⓒ}}{\text{Ⓒ}} \cdots$$

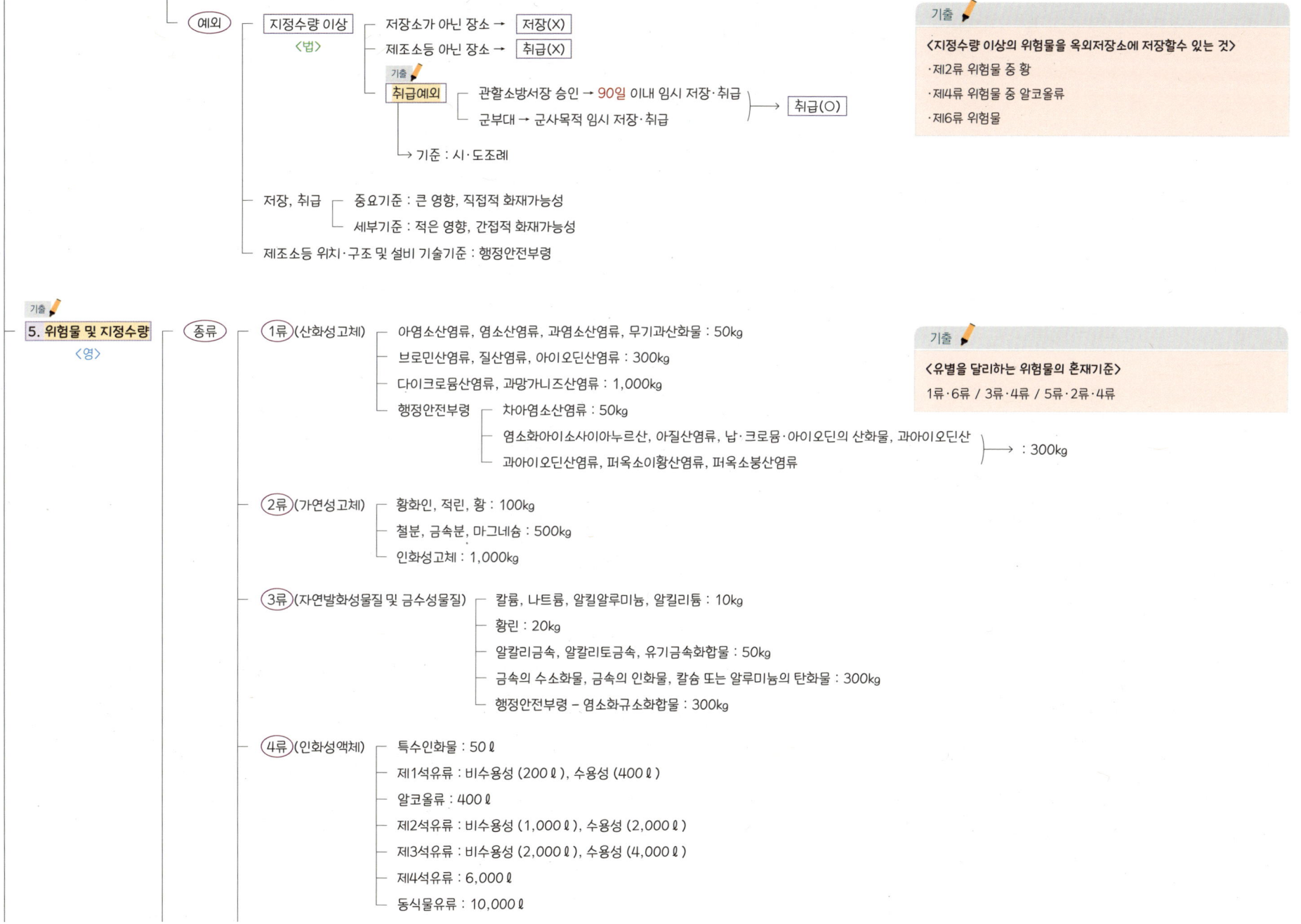

- 5류 (자기반응성물질)
  - 유기과산화물, 질산에스터류
  - 나이트로화합물, 나이트로소화합물, 아조화합물, 다이아조화합물, 하이드라진유도체 → · 제1종 : 10kg
  - 하이드록실아민, 하이드록실아민염류   · 제2종 : 100kg
  - 행정안전부령 – 질산구아니딘, 금속의 아지화합물

- 6류 (산화성액체)
  - 과염소산, 과산화수소, 질산 : 300kg
  - 행정안전부령 – 할로젠간 화합물 : 300kg

용어정의 (기출)

- 1류 — 산화성고체
  - 산화력 잠재적 위험성, 충격 민감성 판단
  - 소방청장 고시

- 2류
  - 가연성고체 : 화염의 발화위험성, 인화위험성 판단
  - 황 : 순도 60wt% ↑
  - 철분 : 53㎛표준체 통과, 50wt% 미만은 제외
  - 금속분 : 알칼리금속, 알칼리토류금속, 철·마그네슘 외 금속의 분말, 구리·니켈분 및 150㎛체 통과하는 것이 50wt% 미만인 것은 제외
  - 인화성고체 : 인화점 섭씨 40℃ 미만 고체

- 3류 — 자연발화성물질 및 금수성물질
  - 고체, 액체
  - 공기 중 발화위험 ○ or 물과 접촉 → 발화, 가연성가스 ↑

- 4류
  - 인화성액체 : 액체, 인화위험성
  - 특수인화물
    - 이황화탄소, 디에틸에테르
    - 1기압, 발화점 : 100℃ 이하
    - 인화점 : −20℃ 이하 + 비점 : 40℃ 이하
  - 제1석유류 : 아세톤, 휘발유, 인화점 21℃ 미만
  - 알코올류 : 1분자 구성 탄소원자 1~3개 포화1가 알코올 (변성알코올 포함)
  - 제2석유류 : 등유, 경유, 인화점 21~70℃ 미만
  - 제3석유류 : 중유, 크레오소트유, 인화점 70~200℃ 미만
  - 제4석유류 : 기어유, 실린더유, 인화점 200~250℃ 미만
  - 동식물유류 : 동물의 지육, 식물의 과육, 인화점 250℃ 미만

- 5류 — 자기반응성물질
  - 고체, 액체
  - 폭발위험성, 가열분해 격렬함 판단
  - 위험성 유무와 등급에 따라 제1종, 제2종

- 6류
  - 산화성액체 : 산화력 잠재적 위험성 판단
  - 과산화수소 : 농도 36wt%↑
  - 질산 : 비중 1.49↑

6. 저장소 구분 8가지
- 옥내저장소 : 옥내에 저장하는 장소(옥내탱크저장소 제외)
- 옥외탱크저장소 : 옥외에 있는 탱크(이동탱크, 암반탱크 제외)
- 옥내탱크저장소 : 옥내에 있는 탱크
- 지하탱크저장소 : 지하에 매설한 탱크
- 간이탱크저장소
- 이동탱크저장소 : 차량에 고정된 탱크
- 옥외저장소 : 옥외에 위험물을 저장하는 장소
- 암반탱크저장소 : 암반 내의 공간을 이용한 탱크에 액체의 위험물을 저장하는 장소

기출

7. 취급소 구분 4가지
- **이**송취급소 : 배관 및 이에 부속된 설비 → 위험물을 이송하는 장소
- **주**유취급소 : 고정된 주유설비 → 주유하기 위하여 위험물을 취급하는 장소
- **일**반취급소 : 이송, 주유, 판매 외의 장소
- **판**매취급소 : 판매목적, 지정수량 40배 이하의 위험물을 취급하는 장소

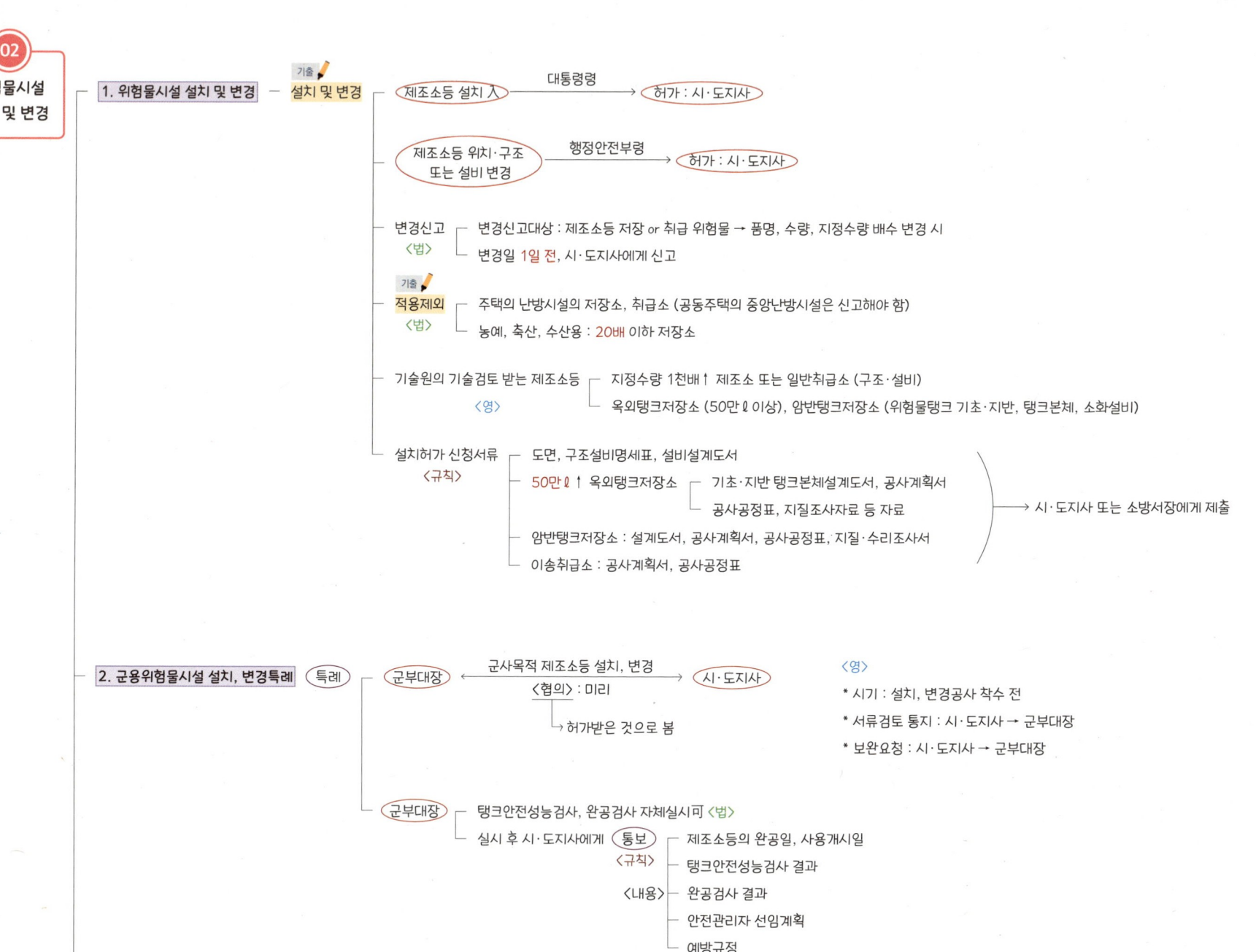

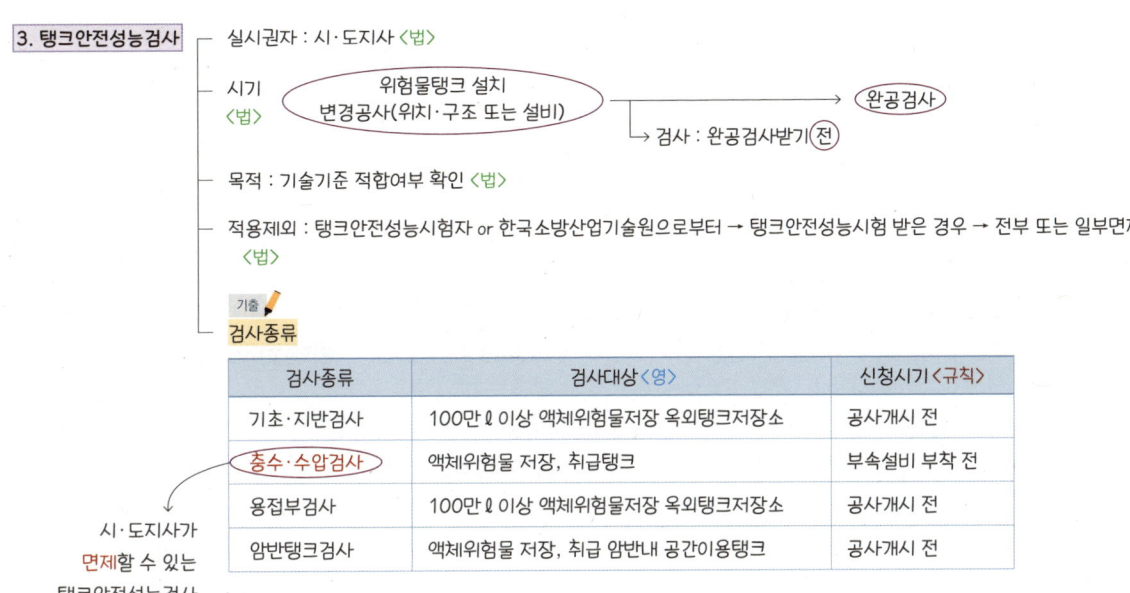
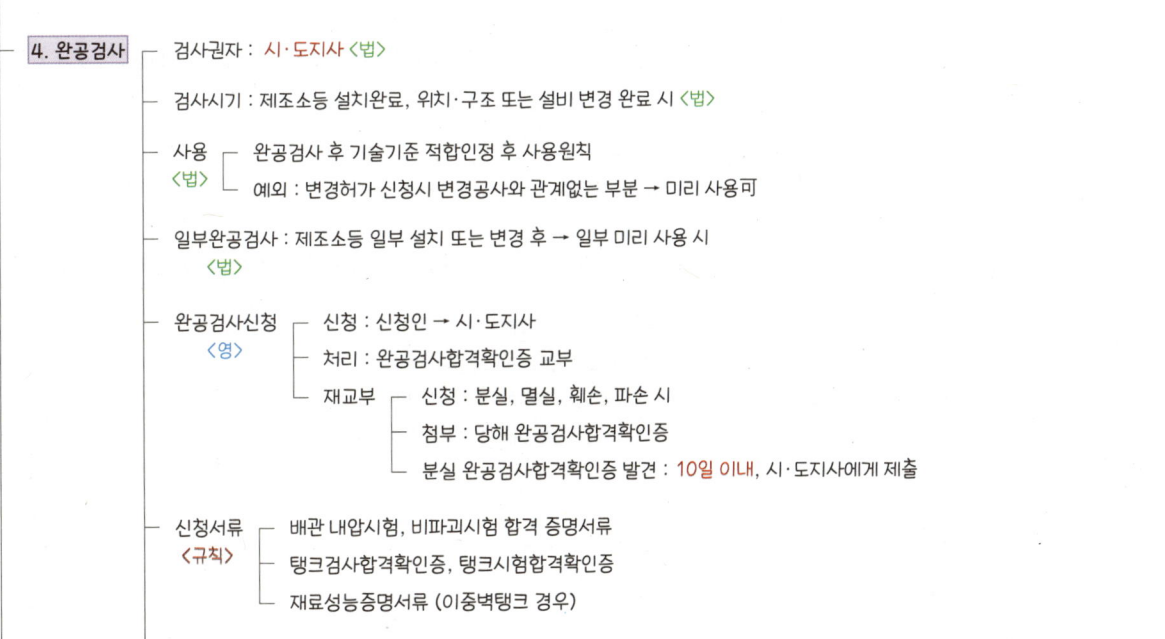

- 기술원 〈규칙〉
  - 완공검사 ─────────→ 소방서장
    - 완공검사결과서
  - 완공검사업무대장 : 10년간 보관

- **완공검사 신청시기** 〈규칙〉 [기출]
  - 지하탱크가 있는 제조소등 : 당해 지하탱크 매설 전
  - 이동탱크저장소 : 이동저장탱크 완공 → 상시설치 장소(상치장소) 확보 후
  - 이송취급소 : 이송배관 공사 전체 또는 일부 완료 후
  - 그 외 제조소등 : 제조소등의 공사완료 후

5. 제조소등 설치자의 지위승계

- 사유 〈법〉
  - 제조소등 설치자가 사망 또는 양도·인도 → 상속인, 양수·인수자
  - 법인합병 → 합병 후 존속법인, 합병에 의하여 설립된 법인
  - 경매, 환가, 매각 → 제조소등 전부 인수자
- 지위승계 신고
  - 승계한 날부터 30일 이내, 시·도지사에게 신고 〈법〉
  - 첨부서류 : 지위승계신고서, 완공검사합격확인증, 지위승계증명서류 〈규칙〉

6. 제조소등 폐지 [기출]

- 신고 : 폐지한 날부터 **14일 이내** → 시·도지사에게 신고 〈법〉
- 첨부서류 : 용도폐지신고서, 제조소등 완공검사합격확인증 〈규칙〉
- 시행규칙상 신고 : 신고서 + 완공검사합격확인증 첨부 → 시·도지사 또는 소방서장에게 제출 〈규칙〉
- 거짓, 미신고 : 500만 원 이하 과태료

7. 제조소등의 사용 중지 등

- 신고 : 제조소등의 사용 중지 or 사용 재개의 경우 중지하려는 날 or 재개하려는 날의 **14일 전까지** → 시·도지사에게 신고
- 안전조치 이행명령 : 시·도지사는 제조소등의 관계인이 안전조치를 적합하게 하였는지 or 위험물안전관리자가 직무를 적합하게 수행하는지를 확인하고 위해 방지를 위하여 필요한 안전조치의 이행을 명할 수 있다.
- 안전조치 이행명령 따르지 X : 1천 500만 원이하의 벌금

8. 제조소등 설치허가 취소와 사용정지등

- 허가취소 or 6개월 이내 제조소등의 전부 또는 일부 사용정지
- 명령 : 시·도지사
- 사유
  - 변경허가 X → 위치, 구조, 설비 변경 시
  - 완공검사 X → 제조소등 사용
  - 수리·개조 또는 이전 명령 위반
  - 위험물안전관리자 미선임
  - 대리자 미지정
  - 정기점검·검사 X
  - 저장·취급기준 준수명령 위반
  - 안전조치 이행명령 따르지 X

9. 과징금처분 [기출]

- 과징금처분 〈법〉
  - 사유 : 영업정지명령시 심한 불편, 공익 해치는 경우
  - 부과자 : 시·도지사
  - 부과금액 : 사용정지처분 갈음, **2억 원** 이하 과징금
- 징수절차 : 국고금 관리법 시행규칙 준용 〈규칙〉

03 위험물시설의 안전관리

1. 위험물시설의 유지·관리

- 유지·관리 〈법〉
  - 관계인 → 위치·구조 및 설비가 기술기준에 적합하도록 유지·관리
  - 지도·감독자 : 시·도지사, 소방본부장, 소방서장 → 수리·개조 또는 이전명령

- 시행규칙기준 〈규칙〉 [기출]
  - 소화설비
    - 적응성있는 소화설비 설치
    - 소화난이도 등급 : I, II, III 로 구분
  - 경보설비 [기출]
    - 기준 : 지정수량 10배 이상 제조소등 (이동탱크저장소 제외)
    - 구분 : 자동화재탐지설비, 자동화재속보설비, 비상경보설비, 확성장치, 비상방송설비
  - 피난설비 (피난구조설비)
    - 설치대상
      - 주유취급소 중 2층 : 점포, 휴게음식점, 전시장 사용
      - 옥내주유취급소
  - 제조소등 기준특례 — 안전성평가 :
    - 기술원 → 평가
    - 안전성평가위원회 → 심의
    - 신청인 통보 : 30일 이내

> **〈제조소등에 설치하는 소방시설〉** [기출]
> - 제조소등에는 화재발생시 소화가 곤란한 정도에 따라 그 소화에 적응성이 있는 소화설비를 설치하여야 한다.
> - 주유취급소 중 건축물의 2층 이상의 부분을 점포·휴게음식점 또는 전시장의 용도로 사용하는 것과 옥내주유취급소에는 피난설비를 설치하여야 한다.
> - 지정수량의 10배 이상의 위험물을 저장 또는 취급하는 제조소등(이동탱크저장소 제외)에는 화재발생시 이를 알릴 수 있는 경보설비를 설치하여야 한다.

2. 위험물안전관리자 [기출]

- 선임의무자 : 제조소등의 관계인 〈법〉
- 선임대상 제외 : 허가를 받지 아니하는 제조소등 및 이동탱크저장소 〈법〉
- 선임 : 해임·퇴직날부터 30일 이내 〈법〉 [기출]
- 선임신고 〈법〉 [기출]
  - 선임한 날부터 14일 이내
  - 소방본부장 또는 소방서장에게 신고
- 대리자 대행업무 〈법〉
  - 사유
    - 여행·질병사유 → 일시적 직무수행 X
    - 안전관리자 해임 또는 퇴직 → 선임 X
  - 기간 : 30일 (30일 초과불가)
- 안전관리자의 대리자 〈규칙〉 : 안전교육을 받은 자, 제조소등의 위험물 안전관리업무에 있어서 안전관리자를 지휘·감독하는 직위에 있는 자

> **위험물취급자격자의 자격(영 별표5)** [기출]
>
> | 위험물취급자격자의 구분 | 취급할 수 있는 위험물 |
> |---|---|
> | 1. 「국가기술자격법」에 따라 위험물기능장, 위험물산업기사, 위험물기능사의 자격을 취득한 사람 | 모든 위험물 |
> | 2. 안전관리자 교육이수자(소방청장이 실시하는 안전관리자교육을 이수한 자를 말한다.) | 위험물 중 제4류 위험물 |
> | 3. 소방공무원 경력자(소방공무원으로 근무한 경력이 3년 이상인 자를 말한다.) | 위험물 중 제4류 위험물 |

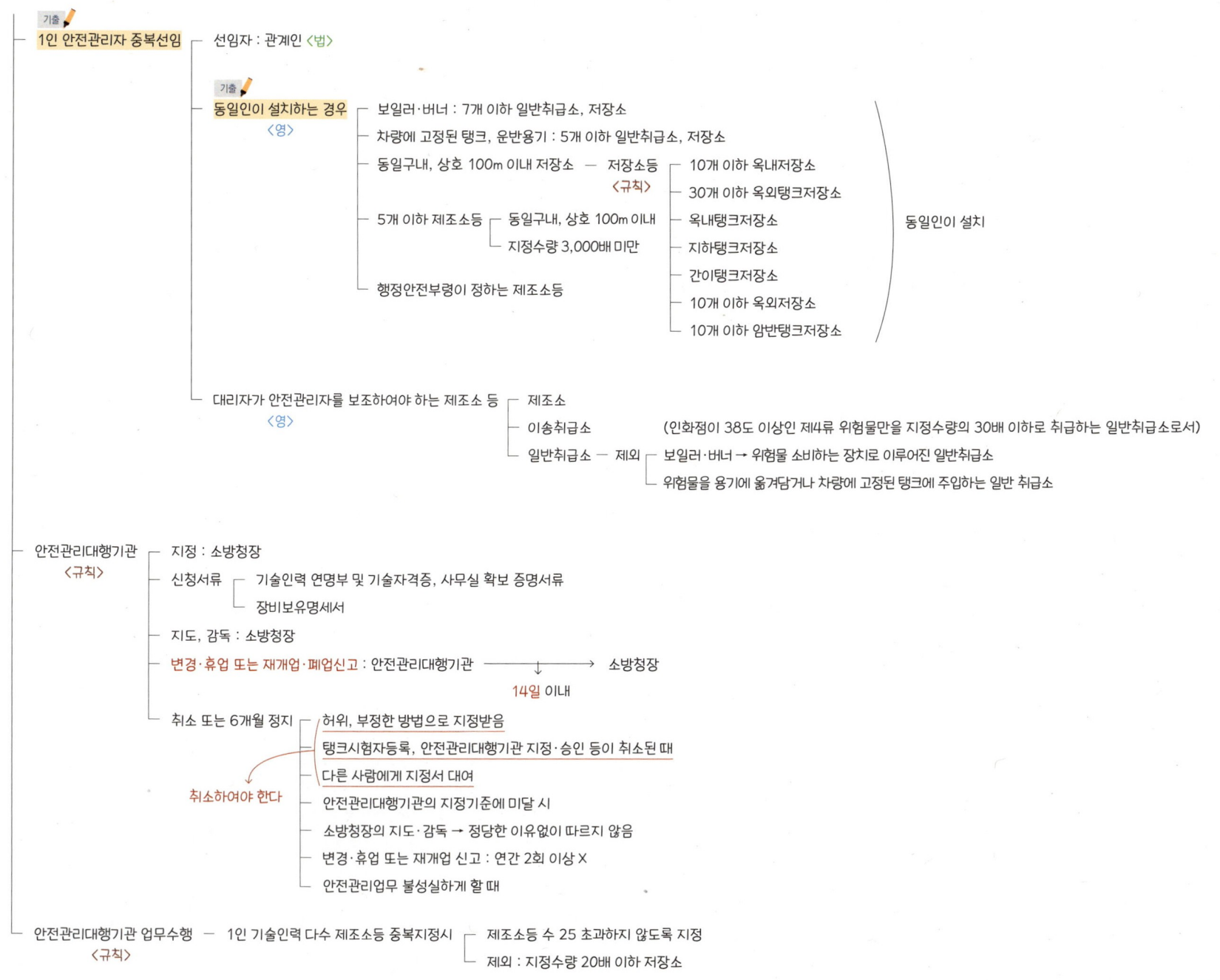

3. 탱크시험자의 등록

- 시·도지사, 제조소등 관계인 → 탱크시험자 : 검사 또는 점검 일부 실시 〈법〉
- 요건 : 기술능력, 시설, 장비 〈법〉
- 중요사항 변경 : 그 날부터 **30일** 이내, 시·도지사에게 신고 〈법〉
- 결격사유 〈법〉
  - 피성년후견인
  - 금고이상 실형의 선고받고 그 집행이 종료, 면제된 날로부터 2년이 지나지 않은 자
  - 금고이상 형의 집행유예를 선고받고 그 유예기간 중에 있는 자
  - 탱크시험자 등록취소된 날로부터 2년이 지나지 않은 자
  - 법인대표자 : 결격사유
- 등록취소, 정지명령 〈법〉
  - 명령권자 : 시·도지사
    - 6월이내
  - 사유
    - <u>허위, 부정 → 등록</u> ┐
    - <u>등록결격사유</u>   ├ 취소
    - <u>등록증 대여</u>   ┘
    - 등록기준 미달
    - 탱크안전성능 시험, 점검 → 허위, 적합 X

기출

〈취소사유〉

소방시설관리사 자격취소	소방시설관리업 등록취소	소방시설업 등록취소	소방기술경력 등의 인정취소	탱크시험자의 등록취소
1. 거짓이나 그 밖의 부정한 방법으로 시험에 합격한 경우 2. 소방시설관리사증을 다른 자에게 빌려준 경우 3. 동시에 둘 이상의 업체에 취업한 경우 4. 결격사유에 해당하게 된 경우	1. 거짓이나 그 밖의 부정한 방법으로 등록을 한 경우 2. 등록의 결격사유에 해당하게 된 경우. 다만, 결격사유에 해당하게 된 날부터 2개월 이내에 그 임원을 결격사유가 없는 임원으로 바꾸어 선임한 경우는 제외한다. 3. 다른 자에게 등록증이나 등록수첩을 빌려준 경우	1. 거짓이나 그 밖의 부정한 방법으로 등록을 한 경우 2. 등록 결격사유에 해당하게 된 경우 3. 영업정지 기간 중에 소방시설공사등을 한 경우	1. 거짓이나 그 밖의 부정한 방법으로 자격수첩 또는 경력수첩을 발급받은 경우 2. 자격수첩 또는 경력수첩을 다른 사람에게 빌려준 경우	1. 허위 그 밖의 부정한 방법으로 등록을 한 경우 2. 결격사유에 해당하게 된 경우 3. 등록증을 다른 자에게 빌려준 경우

- 탱크시험자 등록신청 〈규칙〉
  - 시·도지사에게 신청
  - 신청서류
    - 기술능력자 연명부, 기술자격증
    - 안전성능시험장비 명세서
    - 보유장비 및 시험방법에 대한 기술검토 자료
    - 방사성동위원소이동 사용허가증 또는 방사선 발생장치 이동사용허가증의 사본 1부
    - 사무실확보 증명서류
  - 등록증 교부 : 시·도지사, 15일 이내
  - 변경사항 신고
    - 탱크시험업자 ─── 중요사항변경 ──→ 시·도지사에게 신고
    - **중요사항변경**
      - 영업소 소재지, 기술능력, 대표자
      - 상호 또는 명칭

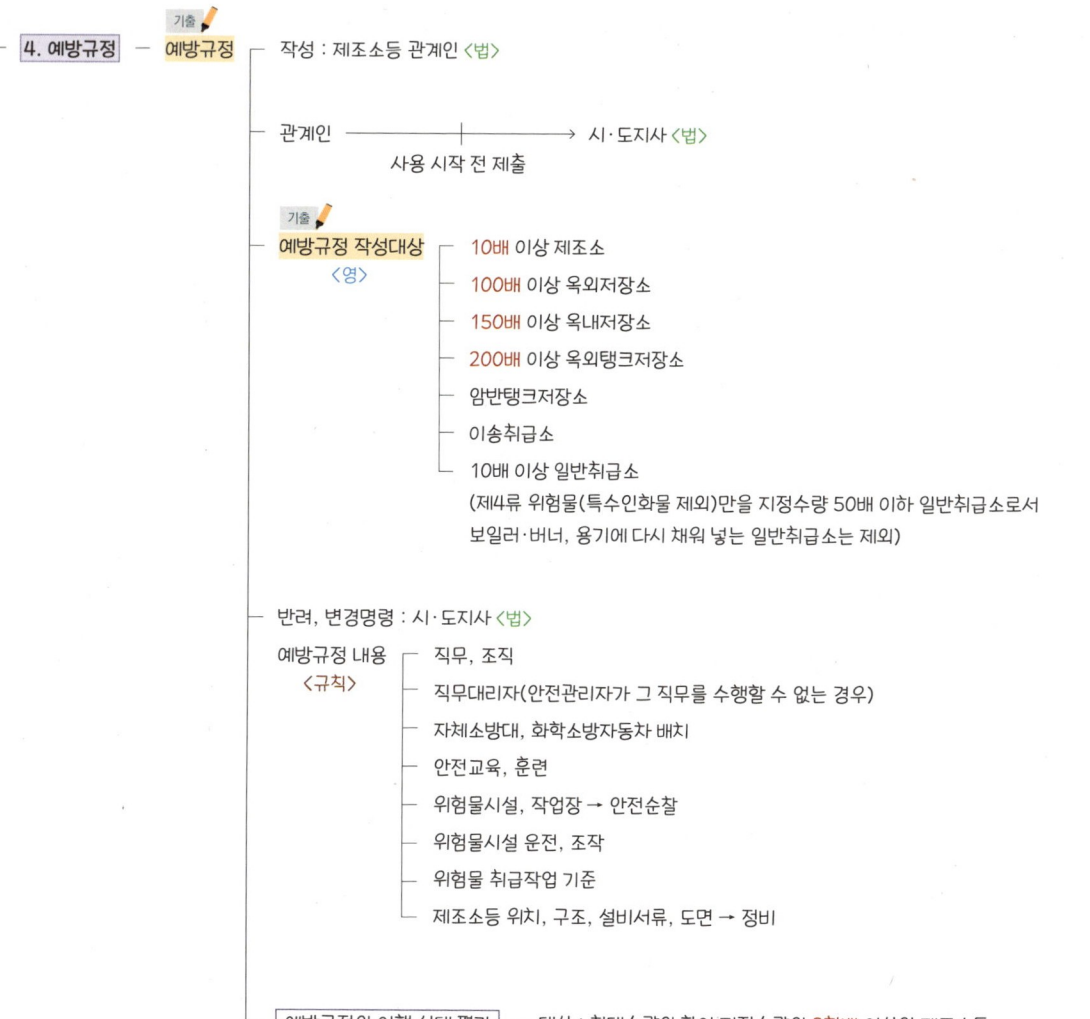

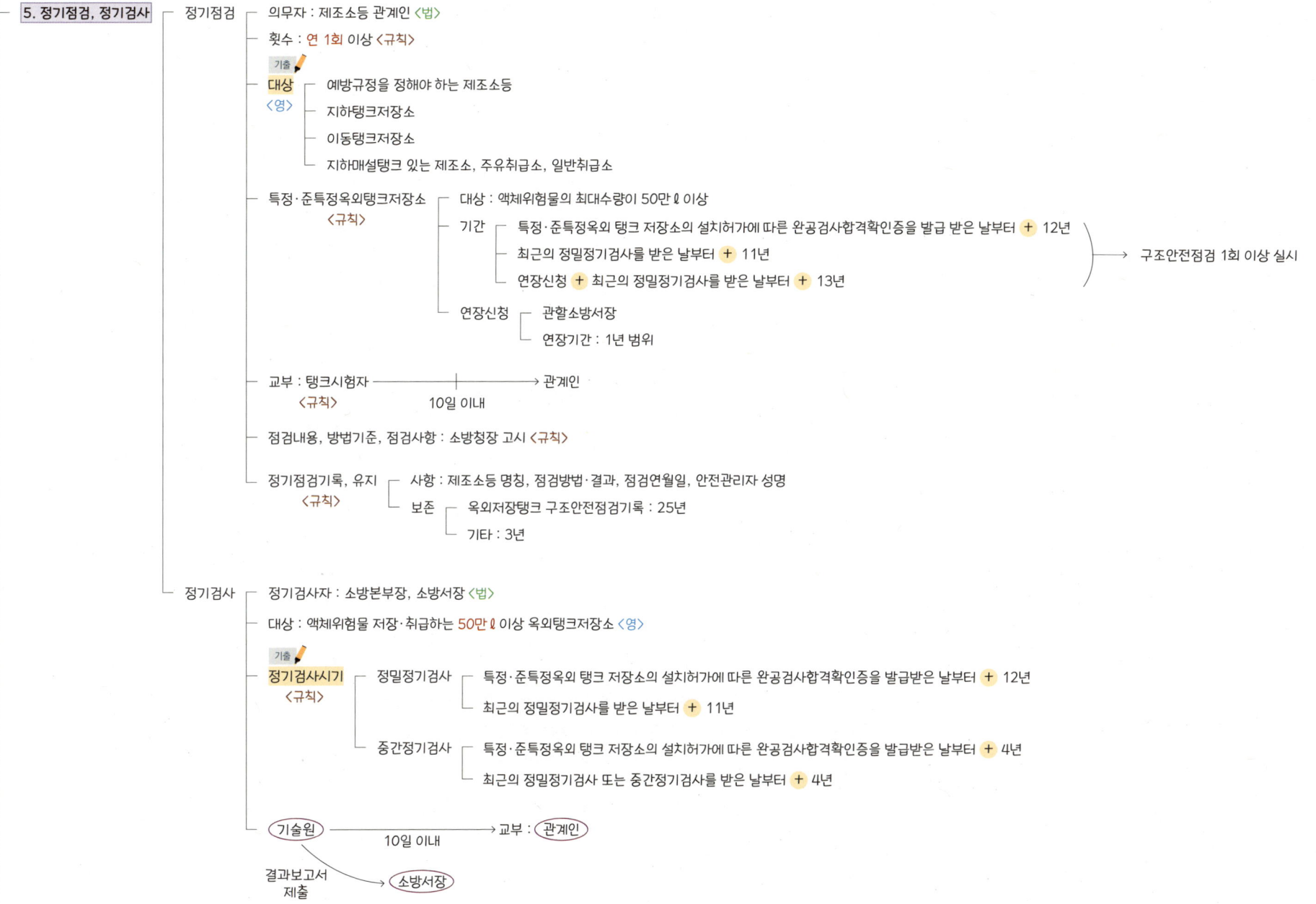

6. 자체소방대

- 설치 : 관계인 〈법〉
- 설치대상 : 제조소 또는 일반취급소에서 취급하는 제4류 위험물의 최대수량의 합이 지정수량의 **3천 배 이상**, 옥외탱크저장소에 저장하는 제4류 위험물의 최대수량이 지정수량의 **50만 배 이상** 〈영〉
- 화학소방자동차·인원 〈영〉

사업소의 구분	화학소방자동차	자체소방대원수
제조소 또는 일반취급소에서 취급하는 제4류 위험물의 최대 지정수량의 3천 배 이상 12만 배 미만인	1대	5인
제조소 또는 일반취급소에서 취급하는 제4류 위험물의 최대 지정수량의 12만 배 이상 24만 배 미만인	2대	10인
제조소 또는 일반취급소에서 취급하는 제4류 위험물의 최대 지정수량의 24만 배 이상 48만 배 미만인	3대	15인
제조소 또는 일반취급소에서 취급하는 제4류 위험물의 최대 지정수량의 48만 배 이상인	4대	20인
옥외탱크저장소에 저장하는 제4류 위험물의 최대수량이 지정수량의 50만 배 이상인 사업소	2대	10인

- 자체소방대 설치제외 〈규칙〉
  - 보일러, 버너 그 밖 유사한 장치로 위험물 소비하는 일반취급소
  - 이동저장탱크 그 밖 유사한 것에 위험물 주입하는 일반취급소
  - 용기에 위험물을 옮겨 담는 일반취급소
  - 유압장치, 윤활유순환장치 그 밖 유사한 장치로 위험물 취급하는 일반취급소
  - 광산안전법 적용을 받는 일반취급소

- 화학소방차기준 〈규칙〉 — 포수용액 방사차 대수 = 화학소방차 대수의 $\frac{2}{3}$ 이상

〈화학소방자동차에 갖추어야 하는 소화능력 및 설비의 기준〉
- 제독차는 가성소다 및 규조토를 각각 50kg 이상 비치할 것
- 분말 방사차는 분말의 방사능력이 매초 35kg 이상일 것
- 이산화탄소의 방사차는 이산화탄소의 방사능력이 매초 40kg 이상일 것
- 포수용액 방사차는 포수용액의 방사능력이 매분 2,000L 이상일 것
- 할로젠화합물의 방사능력이 매 초 40kg 이상인 것

※ 화학소방자동차에 갖추어야 하는 소화능력 및 설비의 기준(규칙 별표23)

화학소방자동차의 구분	소화능력 및 설비의 기준
포수용액 방사차	포수용액의 방사능력이 매분 2,000ℓ 이상일 것
	소화약액탱크 및 소화약액혼합장치를 비치할 것
	10만ℓ 이상의 포수용액을 방사할 수 있는 양의 소화약제를 비치할 것
분말 방사차	분말의 방사능력이 매초 35kg 이상일 것
	분말탱크 및 가압용가스설비를 비치할 것
	1,400kg 이상의 분말을 비치할 것
할로젠화합물 방사차	할로젠화합물의 방사능력이 매초 40kg 이상일 것
	할로젠화합물탱크 및 가압용가스설비를 비치할 것
	1,000kg 이상의 할로젠화합물을 비치할 것
이산화탄소 방사차	이산화탄소의 방사능력이 매초 40kg 이상일 것
	이산화탄소저장용기를 비치할 것
	3,000kg 이상의 이산화탄소를 비치할 것
제독차	가성소오다 및 규조토를 각각 50kg 이상 비치할 것

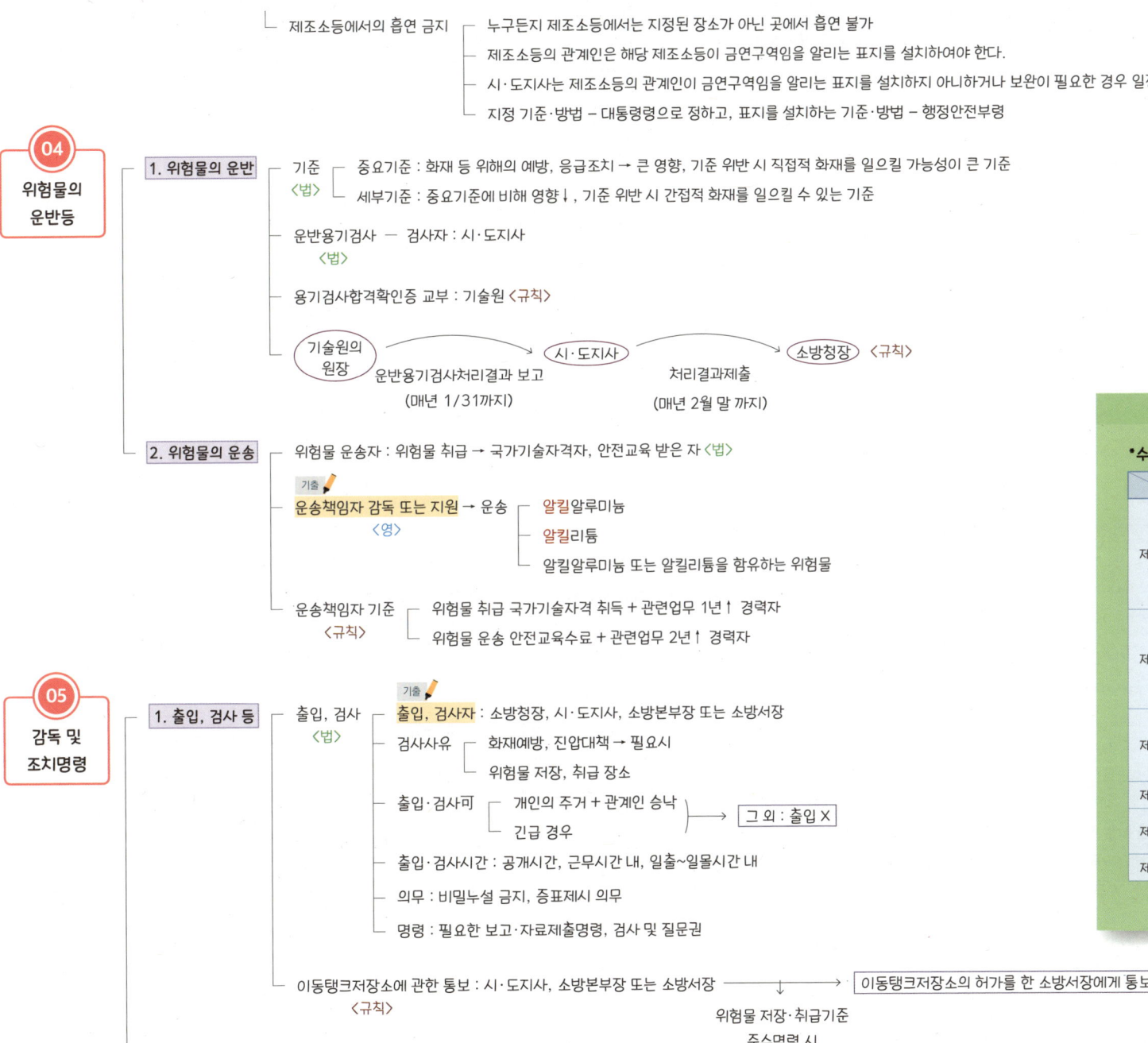

보칙

1. 안전교육
- 〔기출〕 **안전교육** : 소방청장 ──실시──▶ 안전관리자, 탱크시험자, 위험물 운송자, 위험물 운반자 〈법〉
  (실시자)　　　　　　　　　　　　　　　　(대상자)
- 관계인은 교육대상자에 대해 안전교육 받게 할 것 〈법〉
- 교육과정, 실시 등 : 행정안전부령 〈법〉
- 자격제한 〈법〉 ┬ 시·도지사, 소방본부장 또는 소방서장
　　　　　　　　└ 교육대상자 교육(X) → 받을 때까지 제한할 수 있다
- 안전교육 〈규칙〉 ┬ 구분 : 강습교육, 실무교육
　　　　　　　　　└ 교육계획 ┬ 기술원, 한국소방안전원 〈매년 수립〉
　　　　　　　　　　　　　　├ 승인 : 소방청장
　　　　　　　　　　　　　　├ 결과보고 : 소방청장에게 보고 〈다음연도 1/31 까지〉
　　　　　　　　　　　　　　└ 지도·감독 : 소방본부장 〈매년 10월 말까지〉
　　　　　　　　　　　　　　　　→ 실무교육대상자 현황을 안전원에 통보

2. 청문 〈법〉 〔기출〕
- 실시권자 : 시·도지사, 소방본부장 또는 소방서장
- 청문대상 : 제조소등의 설치허가 취소, 탱크시험자의 등록취소

3. 협회 〈법〉
- 위험물 안전관리에 관한 협회
  - 설립주체 : 제조소등의 관계인, 위험물운송자, 탱크시험자 및 안전관리자의 업무를 위탁받아 수행할 수 있는 안전관리대행기관으로 소방청장의 지정을 받은 자
  - 목적 : 위험물의 안전관리, 사고 예방을 위한 안전기술 개발, 그 밖에 위험물 안전관리의 건전한 발전을 도모
  - 법인으로 한다.
  - 소방청장의 인가를 받아 주된 사무소의 소재지에 설립등기를 함으로써 성립
  - 설립인가 절차 및 정관의 기재사항 등에 관하여 필요한 사항 : 대통령령
  - 업무 : 정관으로 정함
  - 법에서 규정한 것 외에는 「민법」 중 사단법인에 관한 규정을 준용한다.

4. 권한의 위임, 위탁

〈법〉

위임: 소방청장 또는 시·도지사 —위임→ 시·도지사, 소방본부장 또는 소방서장

업무	위임
· 제조소등의 설치허가 또는 변경허가 · 위험물의 품명·수량 또는 지정수량의 배수의 변경신고의 수리 · 군사목적 또는 군부대시설을 위한 제조소등을 설치하거나 그 위치·구조 또는 설비의 변경에 관한 군부대의 장과의 협의 · 탱크안전성능검사(기술원에 위탁하는 것 제외) · 완공검사(기술원에 위탁하는 것 제외) · 제조소등의 설치자의 지위승계신고의 수리 · 제조소등의 용도폐지신고의 수리 · 제조소등의 사용 중지신고 또는 재개신고의 수리 · 안전조치의 이행명령 · 제조소등의 설치허가의 취소와 사용정지 · 과징금처분 · 예방규정의 수리·반려 및 변경명령 · 정기점검 결과의 수리 · 제조소등에서의 흡연 금지구역임을 알리는 표지의 설치·보완에 대한 시정명령	시·도지사 → 소방서장

위탁: 소방청장, 시·도지사, 소방본부장 또는 소방서장 —위탁→ 한국소방안전원, 기술원

업무	위탁
· 위험물운반자 또는 위험물운송자의 요건을 갖추려는 사람에 대한 안전교육 · 위험물취급자격자의 자격을 갖추려는 사람에 대한 안전교육 · 안전관리자로 선임된 자에 대한 안전교육 · 위험물운반자로 종사하는 자에 대한 안전교육 · 위험물운송자로 종사하는 자에 대한 안전교육	소방청장 → 안전원
· 탱크시험자에 대한 안전교육	소방청장 → 기술원

㉠ 다음의 탱크에 대한 탱크안전성능검사
  · 용량이 **100만리터** 이상인 액체위험물을 저장하는 탱크
  · **암반탱크**
  · 지하탱크저장소의 위험물탱크 중 **이중벽탱크**
㉡ 다음의 완공검사
  · 지정수량의 **1천배** 이상의 위험물을 취급하는 제조소 또는 일반취급소의 설치 또는 변경
    (사용 중인 제조소 또는 일반취급소의 보수 또는 부분적인 증설은 제외한다)에 따른 완공검사
  · **옥외탱크저장소**(저장용량이 **50만** 리터 이상인 것만 해당한다) 또는 **암반탱크저장소**의 설치 또는 변경에 따른 완공검사
㉢ **운반용기 검사**
	시·도지사 → 기술원

정기검사	소방본부장 또는 소방서장 → 기술원

07 벌칙

〈법〉

- **1년 이상 10년 이하 징역** — 제조소등 or 허가를 받지 않고 지정수량 이상 위험물을 저장·취급하는 장소에서 위험물 유출·방출 또는 확산 → 사람의 생명, 신체, 재산상 위험발생을 시킨 자

- **무기 또는 3년 이상 징역** — 위험물 유출·방출 또는 확산 → 상해에 이르게 한 때

- **무기 또는 5년 이상 징역** — 위험물 유출·방출 또는 확산 → 사망에 이르게 한 때

- **7년 이하 금고 또는 7천만 원 이하 벌금** — (업무상과실) → 제조소등 or 허가를 받지 않고 지정수량 이상 위험물을 저장·취급하는 장소에서 위험물 유출·방출 또는 확산 → 사람의 생명, 신체, 재산상 위험발생을 시킨 자

- **10년 이하 징역 또는 금고 또는 1억 원 이하 벌금** — (업무상과실) → 제조소등 위험물 유출·방출 또는 확산 → 사상에 이르게 한 자

- **5년 이하 징역 또는 1억 원 이하 벌금** — 설치허가 (X) → 제조소등 설치한 자

- **3년 이하 징역 또는 3천 만 원 이하 벌금** — 저장소 또는 제조소 아닌 장소 → 지정수량↑ 위험물 저장, 취급한 자

- **1년 이하 징역 또는 1천 만 원 이하 벌금**
  - 탱크시험자 등록 (X) → 탱크시험자 업무 한 자
  - 관계인 : 정기점검 (X), 점검기록 허위작성
  - 관계인 : 정기검사 (X)
  - 정기검사 (X) 관계인 → 위험물시설의 설치 및 변경 허가받은 자
  - 관계인 : 자체소방대 (X)
  - 운반용기 검사 (X) → 운반용기 사용, 유통
  - 보고, 자료제출 (X), 허위보고, 허위자료 제출
  - 관계공무원 출입, 검사, 수거 → 거부, 방해, 기피
  - 제조소등 긴급 사용정지제한명령 위반자

- **1천 500만 원 이하 벌금** (기출)
  - 위험물 저장, 취급 → 중요기준 따르지 (X)
  - 변경허가 (X) → 제조소등 변경
  - 제조소등 완공검사 (X) → 위험물 저장, 취급
  - 제조소등 사용정지명령 위반
  - 수리·개조·이전명령 → 따르지 (X)
  - 관계인 : 안전관리자 선임 (X)
  - 관계인 : 대리자 지정 (X)
  - 업무정지명령 위반

- 탱크안전성능시험, 점검업무허위, 결과증명서류 허위교부
- 관계인 : 예방규정 제출 (X), 변경명령 위반
- 정지지시 거부, 국가자격증·교육수료증 제시거부, 기피
- 보고, 자료제출 (X), 허위보고, 허위자료 제출, 관계공무원 출입, 조사, 검사 → 거부, 방해, 기피
- 탱크시험자에 대한 감독상 명령위반
- 무허가장소 위험물 조치명령 위반
- 저장·취급기준 준수명령, 응급조치명령 위반
- 안전조치 이행명령 → 따르지 (X)

〈벌칙〉
- 제조소등의 사용정지명령을 위반한 자 — 1천 500만 원 이하 벌금 —
- 변경허가를 받지 아니하고 제조소등을 변경한 자 — 1천 500만 원 이하 벌금 —
- 위험물의 저장 또는 취급에 관한 중요기준에 따르지 아니한 자 — 1천 500만 원 이하 벌금 —
- 위험물안전관리자 또는 그 대리자가 참여하지 아니한 상태에서 위험물을 취급한 자
  — 1천 만 원 이하 벌금 —

1천만 원 이하 벌금
- 위험물 취급에 대한 안전관리와 감독 (X)
- 안전관리자, 대리자 미참여 → 위험물 취급
- 관계인 : 변경한 예방규정 제출 (X)
- 위험물 운반 → 중요기준 따르지 (X)
- 위험물 운송자 : 안전교육 (X), 운송책임자 감독·지원받지 (X)
- 위험물 운반자 : 교육수료 (X), 위험물 분야 자격 취득 (X)
- 출입·검사 시 비밀누설, 관계인 업무 방해

500만 원 이하 과태료

부과권자 : 시·도지사, 소방본부장 또는 소방서장

- 지정수량 이상의 위험물 90일 이내 임시저장, 취급 → 승인 (X) 〈250, 400, 500〉
- 위험물저장, 취급의 세부기준 위반 〈250, 400, 500〉
- 품명 등 변경신고 기간 이내 (X), 허위신고 〈250, 300, 500, 500〉
- 지위승계신고 기간 이내 (X), 허위신고 〈250, 300, 500, 500〉
- 제조소등 폐지신고, 안전관리자 선임신고 기간 이내 (X), 허위신고 〈250, 300, 500, 500〉
- 등록사항 변경신고 기간 이내 (X), 허위신고 〈250, 300, 500, 500〉
- 예방규정을 충분히 익히고 준수하지 않은 제조소 등의 관계인, 종업원 〈250, 400, 500〉
- 점검결과 기록·보존 (X), 점검 결과 기간 이내 제출 (X) 〈250, 400, 500〉
- 제조소등에서의 흡연 금지 규정을 위반하여 흡연을 한 자 〈250, 400, 500〉
- 제조소등에서의 흡연 금지구역임을 알리는 표지의 설치·보완에 대한 시정명령을 따르지 아니한 관계인 〈250, 400, 500〉
- 위험물 운반 세부기준 위반 〈250, 400, 500〉
- 위험물 운송기준 위반 〈250, 400, 500〉
- 사용중지 신고, 재개 신고 기간 이내 (X), 거짓 신고 〈250, 300, 500, 500〉

핵심요약

위험물제조소

안전거리

위험물 제조소	7,000 초과~35,000V 이하 특고압가공전선	35,000V 초과 특고압가공전선	주거용도	고압가스, 액화석유가스, 도시가스 저장·취급		유형문화재, 지정문화재
	3m↑	5m↑	10m↑	20m↑	30m↑	50m↑

30m↑:
- 학교
- 종합병원, 병원, 치과병원, 한방병원, 요양병원
- 공연장, 영화상영관, 유사한 시설 : 300人↑
- 아동복지시설, 장애인복지시설, 모·부자복지시설, 보육시설, 가정폭력피해자시설 : 20人↑

보유공지
- 지정수량 10배 이하 : 3m↑
- [기출] 지정수량 10배 초과 : 5m↑

표지
- 0.3m × 0.6m↑
- 백색바탕, 흑색문자

게시판
- 0.3m × 0.6m↑
- [기출] 백색바탕, 흑색문자
- 기재 : 유별, 품명, 저장최대수량, 취급최대수량, 위험물안전관리자 성명 또는 직명, 지정수량의 배수

주의사항
- 2류(인화성고체), 3류(자연발화성 물질), 4류, 5류 : **화기엄금** → 바탕 : 적색 / 문자 : 백색
- 1류(알칼리금속 과산화물), 3류(금수성물질) : **물기엄금** → 바탕 : 청색 / 문자 : 백색
- 2류 : **화기주의** → 바탕 : 적색 / 문자 : 백색

> [기출]
> **〈위험물의 유별 저장·취급의 공통 기준〉**
> · 제1류 위험물은 가연물과의 접촉 – 피해야한다
> · 제2류 위험물은 산화제와의 접촉 – 아니해야한다
> · 제3류 위험물 중 자연발화성물질 – 피해야한다
> · 제4류 위험물은 불티·불꽃 – 발생시키지 말아야한다
> · 제5류 위험물은 불티 – 피해야한다
> · 제6류 위험물은 가연물과의 접촉 – 피해야한다

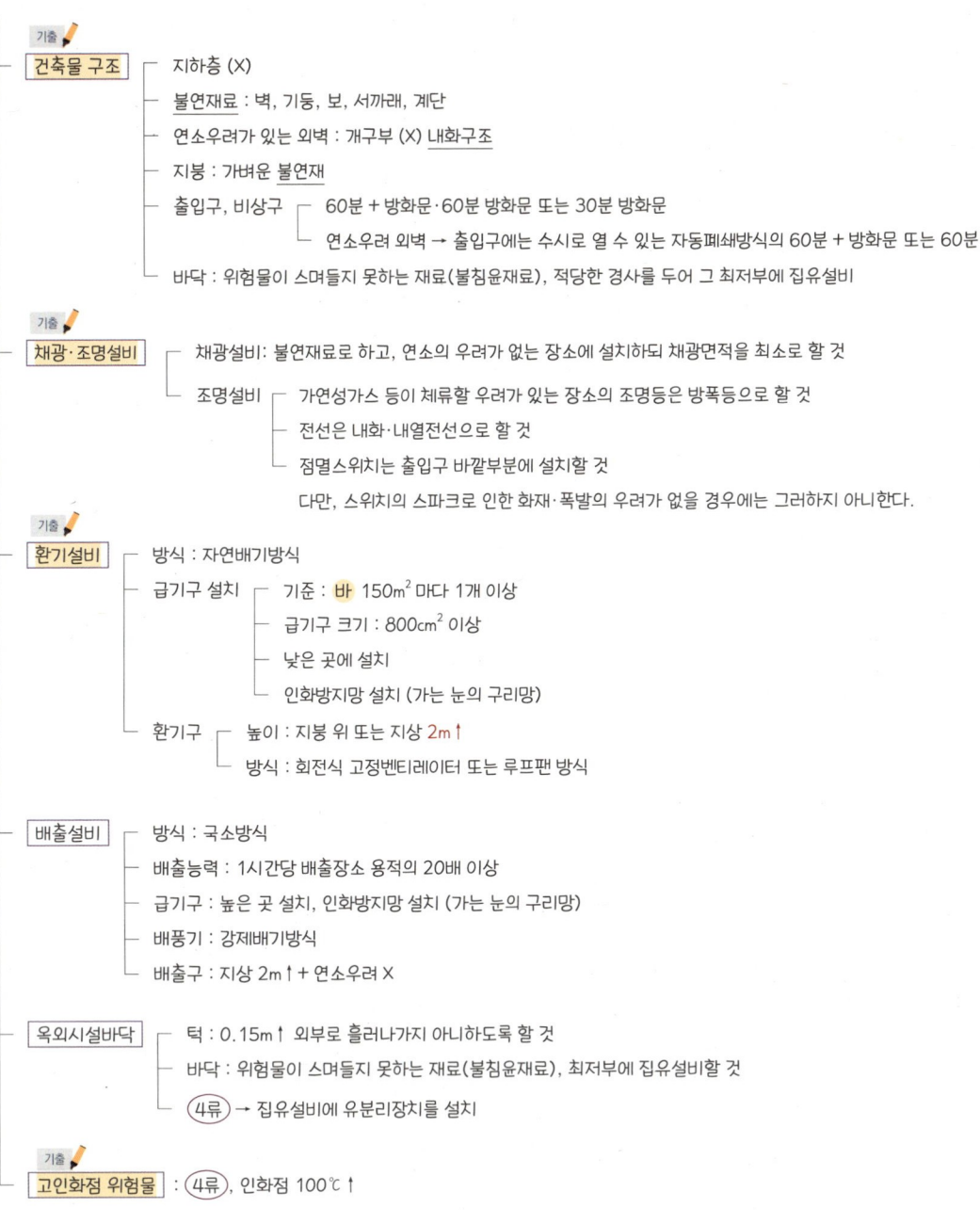

〈제조소의 위치·구조 및 설비의 기준〉
- 환기설비는 자연배기 방식으로 하여야 한다.
- 제6류 위험물을 취급하는 제조소는 안전거리 적용제외 대상이다.
- "위험물 제조소"라는 표시를 한 표지의 바탕은 백색으로, 문자는 흑색으로 하여야 한다.
- 제5류 위험물을 저장 또는 취급하는 제조소에는 "화기 엄금"을 표시한 게시판을 설치하여야 한다.
- 환기구는 지상 2m 이상의 높이에 루프팬 방식으로 설치할 것
- 바닥 면적이 90m² 일 경우 급기구의 면적은 450cm² 이상으로 할 것
- 급기구는 낮은 곳에 설치하고 가는 눈의 구리망 등으로 인화방지망을 설치할 것

〈정전기 제거 방법〉
- 접지에 의한 방법
- 공기 중의 상대습도를 70% 이상으로 하는 방법
- 공기를 이온화하는 방법

바닥면적이 150m² 미만인 경우 급기구의 면적

바닥면적	급기구의 면적
60m² 미만	150cm² 이상
60m² 이상 90m² 미만	300cm² 이상
90m² 이상 120m² 미만	450cm² 이상
120m² 이상 150m² 미만	600cm² 이상

아세트알데하이드 취급설비 시 사용 금지 합금
→ 은(Ag), 수은(Hg), 동(Cu), 마그네슘(Mg)
↓
알루미늄 또는 철용기에 저장

PART 06 | 시설물안전관리

옥내저장소

- **안전거리** ─ 안전거리 적용대상 제외
  - 사용물제조소와 동일
  - 지정수량 20배 미만 → 제4석유류, 동식물유류
  - 제6류 위험물 저장소, 창고
  - 지정수량 20배 이하: 내화구조
    - 자동폐쇄식의 60분 + 방화문 또는 60분 방화문 설치
    - 창 설치 : 방화문 (X)

- **보유공지** ─ 옥내저장소

총지수량	내화구조 건축물	그 외 건축물
지정수량 5배 이하	—	0.5m↑
5배 초과~10배 이하	1m↑	1.5m↑
10배 초과~20배 이하	2m↑	3m↑
20배 초과~50배 이하	3m↑	5m↑
50배 초과~200배 이하	5m↑	10m↑
200배 초과	10m↑	15m↑

- **구조 및 설비** ─ 저장창고
  - 저장창고는 독립된 건축물
  - 처마 높이 6m 미만 단층건물 〈지면 ~ 처마〉
  - Ⅰ류: 처마높이 20m 이하
  - Ⅱ류: 지정수량 10배 이상 (처마: 6m 이상)
  - 바닥면적 ─ 1,000m² 이하
    - ㄱ 제1류 (아염소산염류, 과염소산염류, 무기과산화물), 지정수량 50kg 저장물
    - ㄴ 제3류 (칼륨, 나트륨, 알킬알루미늄, 알킬리튬), 황린, 지정수량 10kg 저장물
    - ㄷ 제4류 (특수인화물, 제1석유류, 알코올류)
    - ㄹ 제5류 (유기과산화물, 질산에스터류), 지정수량 10kg 저장물
    - ㅁ 제6류
  - 2,000m² 이하: ㄱ ~ ㅁ 외 저장물

기둥 ✏️

〈위험물 저장소의 내화구조의 기둥〉

- 위험물의 종류에 따라 저장소의 바닥면적은 75m² 이하가 되어야 한다.
- 위험물의 종류에 따라 저장소의 바닥면적은 지붕과 처마 높이가 같아야 한다.
- 위험물의 종류에 따라 저장소의 처마의 높이는 6m를 미만으로 하여야 한다.
- 위험물의 종류에 따라 저장소의 처마의 높이는 자동폐쇄식의 60분 + 방화문 또는 60분 방화문을 설치하여야 한다.
- 위험물의 종류에 따라 저장소의 바닥면적은 저장되지 않아야 한다.

옥외탱크저장소

- **안전거리** — 위험물제조소와 동일
- **배출설비** : 국소방식
- **옥외저장소에 저장할 수 있는 위험물**
  - 제2류 위험물 중 황, 인화성고체(인화점이 0℃ 이상)
  - 제4류 위험물 중 제1석유류(인화점이 0℃ 이상), 알코올류, 제2석유류, 제3석유류, 제4석유류, 동식물유류
  - 제6류 위험물
- **보유공지** (기출)

최대수량	공지너비
지정수량 500배 이하	3m↑
500배 초과 ~ 1,000배 이하	5m↑
1,000배 초과 ~ 2,000배 이하	9m↑
2,000배 초과 ~ 3,000배 이하	12m↑
3,000배 초과 ~ 4,000배 이하	15m↑
4,000배 초과	탱크 수평단면의 최대지름과 높이 중 큰 것과 같은 거리 이상

- **통기관** (기출)
  - **밸브없는 통기관**
    - 지름 : 30mm↑ (간이저장탱크 : 지름 25mm↑)
    - 끝부분 : 45°↑ 구부려 빗물 등의 침투를 막는 구조
    - 인화점이 38℃ 미만인 위험물만을 저장 또는 취급하는 탱크에 설치하는 통기관에는 화염방지장치를 설치하고, 그 외의 탱크에 설치하는 통기관에는 40메쉬(mesh) 이상의 구리망 또는 동등 이상의 성능을 가진 인화방지장치를 설치할 것
    - 항상 개방구조 (위험물주입시 제외)
    - 폐쇄시 : 10KPa 이하 개방구조
  - **대기밸브부착 통기관**
    - 5KPa 이하 압력차이 작동구조
    - 인화점이 38℃ 미만인 위험물만을 저장 또는 취급하는 탱크에 설치하는 통기관에는 화염방지장치를 설치하고, 그 외의 탱크에 설치하는 통기관에는 40메쉬(mesh) 이상의 구리망 또는 동등 이상의 성능을 가진 인화방지장치를 설치할 것

- 가스, 증기 방출구조 : 위험물 폭발 → 압력↑ → 내부가스, 증기 상부로 방출 ○
- 도장 : 옥외저장탱크 외면, 녹방지
- **펌프**
  - **보유공지** (기출) : 너비 3m↑ (단, 방화상 유효한 격벽을 설치하는 경우와 제6류 위험물 또는 지정수량 10배 이하 위험물의 옥외저장탱크의 펌프설비에 있어서는 그러하지 아니하다.)
  - 펌프 ↔ 옥외저장탱크간 거리 = 당해 옥외저장탱크 보유공지 너비의 $\frac{1}{3}$ 이상 거리유지
  - 창, 출입구
    - 60분 + 방화문·60분 방화문 또는 30분 방화문
    - 망입유리
  - 바닥주위 턱 : 0.2m↑
  - 채광, 조명, 환기설비 설치
  - 펌프실 외 설치펌프 설비
    - 턱 : 0.15m↑
    - 집유설비

〈옥외저장탱크의 위치·구조 및 설비 기준〉 (기출)

- 옥외저장탱크는 위험물의 폭발 등에 의하여 탱크내의 압력이 비정상적으로 상승하는 경우에 내부의 가스 또는 증기를 상부로 방출할 수 있는 구조로 하여야 한다.
- 이황화탄소의 옥외저장탱크는 벽 및 바닥의 두께가 0.2m 이상이고 누수가 되지 아니하는 철근콘크리트의 수조에 넣어 보관하여야 한다.
- 옥외저장탱크의 배수관은 탱크의 옆판에 설치하여야 한다. 다만, 탱크와 배수관과의 결합부분이 지진 등에 의하여 손상을 받을 우려가 없는 방법으로 배수관을 설치하는 경우에는 탱크의 밑판에 설치할 수 있다.
- 제3류 위험물 중 금수성물질(고체에 한한다)의 옥외저장탱크에는 방수성의 불연재료로 만든 피복설비를 설치하여야 한다.
- 지정수량의 650배를 저장하는 옥외탱크저장소의 보유공지는 5m 이상이다.
- 펌프설비의 주위에는 너비 3m 이상의 공지를 보유해야 한다. 다만 방화상 유효한 격벽을 설치하는 경우와 제6류 위험물 또는 지정수량의 10배 이하 위험물의 옥외저장탱크의 펌프설비에 있어서는 그러하지 아니하다.

- 배수관 ┬ 탱크 옆판에 설치
        └ 지진 등 손상 받을 우려 X 경우 → 탱크 밑판에 설치 可

- 제3류 中 금수성물질(고체) 옥외저장탱크에 방수성의 불연재료로 만든 피복설비 설치

- 이황화탄소 옥외저장탱크 ┬ 벽, 바닥두께 : 0.2m↑
                        └ 철근콘크리트수조에 보관

- 피뢰침 : 지정수량 10배 이상 옥외탱크저장소(6류 위험물의 옥외탱크저장소 제외)

- [기출] 방유제 ┬ 높이 0.5m 이상 ~ 3m 이하, 두께 0.2m 이상, 지하매설깊이 1m 이상
              ├ 방유제 면적 : 80,000m² 이하
              ├ 옥외저장탱크 수 : 10 이하
              ├ 탱크옆판 ↔ 방유제 거리 ┬ 탱크지름 15m 미만 = 탱크높이의 $\frac{1}{3}$↑
              │   └ 탱크지름 15m 이상 = 탱크높이의 $\frac{1}{2}$↑
              ├ 높이 1m↑ → 계단 또는 경사로 : 약 50m 마다 설치
              └ 용량 ┬ 탱크용량의 110%↑
                    └ 2기 이상 시 → 가장 큰 탱크용량의 110%↑

- 인화점 21℃ 미만 옥외저장탱크 주입구 게시판 ┬ 0.3m 이상 × 0.6m 이상
                                          ├ 기재 : 유별, 품명, 주의사항
                                          └ 백색바탕, 흑색문자

지하탱크저장소

- 탱크 ─ 지하탱크 ─ 지면하에 설치된 탱크전용실에 설치하여야 한다.

  > ※ 예외 : 제4류 위험물의 지하저장탱크가 다음 기준에 적합한 때 ※
  > ⓐ 지하철, 지하가 또는 지하터널로부터 수평거리 10m 이내 장소 X, 지하건축물 내의 장소 X
  > ⓑ 뚜껑 – 수평투영의 세로 및 가로보다 각각 0.6m↑ 크고 두께가 0.3m↑ 철근콘크리트조의 뚜껑
  > ⓒ 뚜껑에 걸리는 중량이 직접 당해 탱크에 걸리지 아니하는 구조
  > ⓓ 견고한 기초 위에 고정
  > ⓔ 지하의 가장 가까운 벽·피트·가스관 등의 시설물 및 대지경계선으로부터 0.6m 이상 떨어진 곳에 매설

- 탱크전용실 ┬ 지하의 가장 가까운 벽·피트·가스관 등의 시설물 및 대지경계선으로부터 0.1m↑ 떨어진 곳에 설치
            ├ 지하저장탱크와 탱크전용실의 안쪽과의 사이는 0.1m↑의 간격을 유지
            └ 마른 모래 또는 습기 등에 의하여 응고되지 아니하는 입자지름 5mm↓ 마른 자갈분을 채움

- 윗부분은 지면으로부터 0.6m↑ 아래에 있어야 함
- 2 이상 인접해 설치하는 경우 그 상호간에 1m(당해 2↑의 지하저장탱크의 용량의 합계가 지정수량의 100배 이하인 때에는 0.5m)↑의 간격을 유지

- 누유검사관 〈규칙〉 [기출]
  - 4개소 이상 적당한 위치에 설치할 것
  - 이중관으로 할 것
  - 재료 : 금속관, 경질합성수지관으로 할 것
  - 관 : 탱크실, 탱크 기초 위에 닿을 것
  - 관 밑부분 ~ 탱크 중심 높이 부분 : 소공이 뚫려 있을 것
  - 상부는 물이 침투하지 아니한 구조, 뚜껑은 검사 시에 쉽게 열 수 있도록 할 것

- **간이탱크저장소**
  - 하나의 간이탱크저장소에 설치하는 탱크는 3 이하로 할 것
  - 동일한 품질인 위험물의 간이저장탱크를 2 이상 설치하지 말 것
  - 용량 : 600ℓ 이하
  - 통기장치 (밸브 X)
    - 지름 : 25mm↑
    - 옥외에 설치하되 그 끝부분의 높이는 지상 1.5m 이상으로 할 것
    - 끝부분 : 45°↑ 구부려 빗물 등이 침투하지 아니하도록 할 것
    - 인화방지망 (가는 눈 구리망)

- **이동탱크저장소**
  - 상치장소
    - 옥외 : 화기취급 장소 or 건축물로부터 5m↑ (1층 : 3m↑)
    - 옥내 : 벽, 바닥, 보, 서까래 및 지붕 → 내화구조 또는 불연재료인 1층 건축물
  - 방파판 : 1.6mm↑ 강철판
  - 방호틀 : 2.3mm↑ 강철판
  - 탱크두께 : 3.2mm↑ 강철판
  - 칸막이 : 내부 4,000ℓ 이하마다 설치
  - 주유설비 분당 배출량 : 200ℓ 이하
  - 표시, 게시판
    - 0.6m × 0.3m
    - 표시 : 위험물유별, 품명, 최대수량, 적재중량
    - 문자크기 : 가로 40mm↑, 세로 45mm↑
    - **위험물** → 흑색바탕 → 소방청장이 정하여 고시
    - → 황색반사도료

- **주유취급소** [기출]
  - 주유공지 : 너비 15m↑ × 길이 6m↑
  - 표지, 게시판 **주유중 엔진정지** → 황색바탕
    - → 흑색 문자
  - 탱크

탱크	탱크용량
고정주유설비 직접접속 전용탱크	50,000ℓ 이하
고정급유설비 직접접속 전용탱크	50,000ℓ 이하
보일러 등에 직접접속 전용탱크	10,000ℓ 이하
폐유탱크	2,000ℓ 이하
3기 이하 간이탱크	–

- 고정주유, 급유설비

종류	배출량
제1석유류	50ℓ/min 이하
경유	180ℓ/min 이하
등유	80ℓ/min 이하

- 주유관 길이 : 5m 이내
- 설치기준
  - 도로경계선까지 4m↑
  - 대지경계선, 담, 벽 : 2m↑ (개구부가 없는 벽으로부터 1m↑)
  - 고정주유설비 ↔ 고정급유설비 거리 : 4m↑
- 설치가능시설
  - 주유작업장
  - 사무소
  - 점검, 간이정비작업장
  - 세정 작업장
  - 점포, 휴게음식점, 전시장
  - 관계자 거주시설
  - 전기차 충전설비
  - 면적합 = 1,000m² 초과 불가
- 담, 벽 : 높이 2m↑ 내화구조 or 불연재료

이송취급소
- 설치제외장소
  - 철도, 도로 터널 안
  - 고속국도, 자동차전용도로 차도, 길어깨, 중앙분리대
  - 호수, 저수지 등으로서 수리의 수원이 되는 곳
  - 급경사지역으로 붕괴위험
- 지하매설
  - 안전거리
    - 건축물(지하가의 건축물은 제외) : 1.5m↑
    - 지하가, 터널 : 10m↑
    - 수도시설(위험물의 우려가 있는 것) : 300m↑
  - 배관 ↔ 외면공작물 거리 : 0.3m↑
  - 배관외면 ↔ 지표면 거리
    - 산, 들 : 0.9m↑
    - 그 밖 : 1.2m↑

기출

〈고객이 직접 주유하는 주유취급소의 특례〉

① 셀프용고정주유설비의 기준
  ㉠ 주유호스의 끝부분에 수동개폐장치를 부착한 주유노즐을 설치할 것. 다만, 수동개폐장치를 개방한 상태로 고정시키는 장치가 부착된 경우에는 다음의 기준에 적합하여야 한다.
    ⓐ 주유작업을 개시함에 있어서 주유노즐의 수동개폐장치가 개방상태에 있을 때에는 당해 수동개폐장치를 일단 폐쇄시켜야만 다시 주유를 개시할 수 있는 구조로 할 것.
    ⓑ 주유노즐이 자동차 등의 주유구로부터 이탈된 경우 주유를 자동적으로 정지시키는 구조일 것.
  ㉡ 주유노즐은 자동차 등의 연료탱크가 가득 찬 경우 자동적으로 정지시키는 구조일 것
  ㉢ 주유호스는 200kg중 이하의 하중에 의하여 깨져 분리되거나 이탈되어야 한다.
  ㉣ 휘발유와 경유 상호간의 오인에 의한 주유를 방지할 수 있는 구조일 것.
  ㉤ 1회의 연속주유량 및 주유시간의 상한을 미리 설정할 수 있는 구조일 것. 이 경우 연속주유량 및 주유시간의 상한은 다음과 같다.
    ⓐ 휘발유 : 100ℓ 이하, 4분 이하로 할 것
    ⓑ 경유 : 600ℓ 이하, 12분 이하로 할 것
② 셀프용고정급유설비의 기준
  ㉠ 급유호스의 끝부분에 수동개폐장치를 부착한 급유노즐을 설치할 것
  ㉡ 급유노즐은 용기가 가득찬 경우에 자동적으로 정지시키는 구조일 것
  ㉢ 1회의 연속급유량 및 급유시간의 상한을 미리 설정할 수 있는 구조일 것 이 경우 급유량의 상한은 100ℓ 이하, 급유시간의 상한은 6분 이하로 한다.

구분		주유설비	급유설비
1회 주유량/ 시간·급유량/시간	휘발유	100ℓ 이하 / 4분 이하	100ℓ 이하 / 6분 이하
	경유	600ℓ 이하 / 12분 이하	

- **판매취급소**
  - **제1종 판매취급소 기준** (20배 이하인 판매취급소)
    - 용도로 사용되는 건축물의 부분
      - 내화구조 또는 불연재료로 하고, 판매취급소로 사용되는 부분과 다른 부분과의 격벽은 내화구조로 할 것
      - 보를 불연재료로 하고, 천장을 설치하는 경우에는 천장을 불연재료로 할 것
    - 용도로 사용되는 부분
      - 상층이 있는 경우에 있어서는 그 상층의 바닥을 내화구조로 하고, 상층이 없는 경우에 있어서는 지붕을 내화구조 또는 불연재료로 할 것
      - 창 및 출입구에는 60분 + 방화문·60분 방화문 또는 30분 방화문을 설치할 것
  - **제2종 판매취급소 기준** (40배 이하인 판매취급소)
    - 용도로 사용하는 부분
      - 벽·기둥·바닥 및 보를 내화구조로 하고, 천장이 있는 경우에는 이를 불연재료로 하며, 판매취급소로 사용되는 부분과 다른 부분과의 격벽은 내화구조로 할 것
      - 상층이 있는 경우에 있어서는 상층의 바닥을 내화구조로 하는 동시에 상층으로의 연소를 방지하기 위한 조치를 강구하고, 상층이 없는 경우에는 지붕을 내화구조로 할 것
      - 연소의 우려가 없는 부분에 한하여 창을 두되, 당해 창에는 60분 + 방화문·60분 방화문 또는 30분 방화문을 설치할 것
      - 출입구에는 60분 + 방화문·60분 방화문 또는 30분 방화문을 설치할 것. 다만 연소의 우려가 있는 벽 or 창의 부분에 설치하는 출입구에는 수시로 열 수 있는 자동폐쇄식의 60분 + 방화문 또는 60분 방화문을 설치하여야 한다.
  - **제1종·제2종 공통 기준**
    - 건물의 1층에 설치할 것
    - 제1종·제2종 판매취급소의 용도로 사용하는 부분의 창 또는 출입구에 유리를 이용하는 경우에는 망입유리로 할 것
    - 제1종·제2종 판매취급소의 용도로 사용하는 건축물에 설치하는 전기설비는 전기사업법에 의한 전기설비기술기준에 의할 것
  - **위험물을 배합하는 실**
    - 바닥면적은 6m² 이상 15m² 이하로 할 것
    - 내화구조 또는 불연재료로 된 벽으로 구획할 것
    - 바닥은 위험물이 침투하지 아니하는 구조로 하여 적당한 경사를 두고 집유설비를 할 것
    - 출입구에는 수시로 열 수 있는 자동폐쇄식의 60분 + 방화문 또는 60분 방화문을 설치할 것
    - 출입구 문턱의 높이는 바닥면으로부터 0.1m 이상으로 할 것
    - 내부에 체류한 가연성의 증기 또는 가연성의 미분을 지붕 위로 방출하는 설비를 할 것

- **경보설비 설치기준**

제조소등의 구분	저장 또는 취급하는 위험물의 종류 및 최대수량 등	경보설비
① 제조소 일반취급소	㉠ 연면적 500m² 이상 ㉡ 옥내에서 지정수량의 100배 이상 취급하는 것 ㉢ 일반취급소로 사용되는 부분 외의 부분이 있는 건축물에 설치된 일반취급소	자동화재탐지설비
② 옥내저장소	㉠ 지정수량의 100배 이상을 저장 또는 취급하는 것 ㉡ 저장창고의 연면적 150m²를 초과하는 것 ㉢ 처마높이가 6m 이상인 단층건물의 것 ㉣ 옥내저장소로 사용되는 부분 외의 부분이 있는 건축물에 설치된 옥내저장소	
③ 옥내탱크저장소	단층건축물 외의 건축물에 설치된 옥내탱크저장소로서 소화난이도등급 I에 해당하는 것	자동화재탐지설비
④ 주유취급소	옥내주유취급소	
⑤ 옥외탱크저장소	특수인화물, 제1석유류 및 알코올류를 저장 또는 취급하는 탱크의 용량이 1,000만리터 이상인 것	· 자동화재탐지설비 · 자동화재속보설비
⑥ 기타 제조소등	지정수량의 10배 이상 저장 또는 취급	자동화재탐지설비, 비상경보설비, 확성장치, 비상방송설비 중 1종 이상

- 전기설비의 소화설비 — 소형수동식 소화기 : 면적 100m² 마다 1개↑

  * 소요단위 계산

연면적		소요단위
① 제조소 또는 취급소의 건축물 외벽	내화구조 O	100m² : 1단위
	내화구조 X	50m² : 1단위
② 저장소 건축물 외벽	내화구조 O	150m² : 1단위
	내화구조 X	75m² : 1단위
③ 제조소등의 옥외에 설치된 공작물은 외벽이 내화구조로 간주하고 공작물의 최대수평투영면적을 연면적으로 간주하면		①, ②의 규정에 의하여 소요단위 산정
④ 위험물		지정수량 10배 : 1단위

- 옥내소화전설비
  - 수평거리 : 25m 이하
  - 수원수량 = 설치개수 (최대5개) × 7.8m³↑
  - 노즐끝부분 방수압력 : 350 KPa
  - 방수량 : 260ℓ/min

- 옥외소화전설비
  - 수평거리 : 40m 이하(설치 개수가 1개일 때는 2개로 할 것)
  - 수원수량 = 설치개수 (최대 4개) × 13.5m³↑
  - 노즐끝부분 방수압력 : 350 KPa
  - 방수량 : 450ℓ/min

- 스프링클러설비
  - 수평거리 : 1.7m 이하
  - 수원수량
    - 폐쇄형 헤드 = 30 (30 미만일 때에는 설치개수) × 2.4m³↑
    - 개방형 헤드 = 가장 많이 설치된 방사구역 헤드 설치 개수 × 2.4m³↑
  - 방사압력 : 100 KPa
  - 방수량 : 80ℓ/min

- 물분무소화설비
  - 방사구역 : 150m²↑ (표면적이 150m²일 때에는 당해 표면적)
  - 수원수량 : 표면적 1m² 당 20ℓ/min × 30분↑
  - 방사압력 : 350 KPa

- 수동식소화기
  - 대형 : 보행거리 30m 이하
  - 소형 : 보행거리 20m 이하

표지 및 게시판

표지 및 게시판 (0.6m × 0.3m)
바탕 : 백색 / 문자 : 흑색
옥외탱크저장소, 위험물제조소, 지하탱크저장소, 옥내저장소, 간이탱크저장소, 옥외저장소, 암반탱크저장소, 판매취급소, 이송취급소

화기엄금 (0.6m × 0.3m)
바탕 : 적색 / 문자 : 백색
제2류위험물(인화성고체), 제3류위험물(자연발화성물질), 제4류위험물, 제5류위험물

물기엄금 (0.6m × 0.3m)
바탕 : 청색 / 문자 : 백색
제1류위험물(알칼리금속의 과산화물), 제3류위험물(금수성물질)

화기주의 (0.6m × 0.3m)
바탕 : 적색 / 문자 : 백색
제2류위험물

주유 중 엔진정지 (0.6m × 0.3m)
바탕 : 황색 / 문자 : 흑색
주유취급소

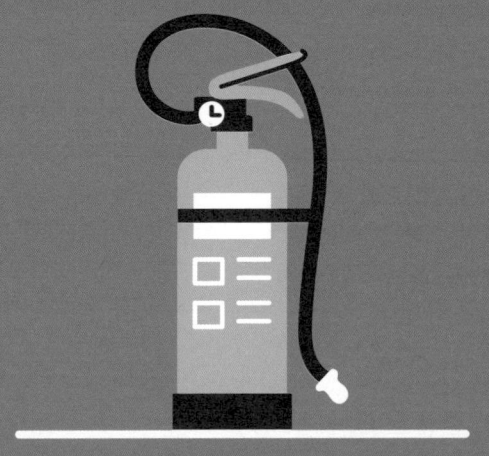

부록

소방관계법규 주요개념 두문자 암기법

부록 | 소방관계법규 주요개념 두문자 암기법

01 | 소방기본법

Point 01 119종합상황실 설치와 운영(소방기본법 제4조)

기본서 페이지 1권 P.21

내용 소방청장, 소방본부장 및 소방서장은 화재, 재난·재해, 그 밖에 구조·구급이 필요한 상황이 발생하였을 때에 신속한 소방활동을 위한 정보를 수집·분석과 판단·전파, 상황관리, 현장지휘 및 조정·통제 등의 업무를 수행하기 위하여 119종합상황실을 설치·운영하여야 한다.

두문자 암기법 수·분 / 판·전 / 상·현 / 조·통

Point 02 소방박물관의 설립과 운영(소방기본법 시행규칙 제4조)

기본서 페이지 1권 P.27

내용 소방박물관의 설립과 운영(소방기본법 시행규칙 제4조)
소방청장은 소방박물관의 관광업무·조직·운영위원회의 구성 등에 관하여 필요한 사항을 정한다.

두문자 암기법 관·조·운

Point 03 소방업무에 관한 종합계획의 수립·시행 등(소방기본법 제6조)

기본서 페이지 1권 P.31

내용 소방기본법 제6조(소방업무에 관한 종합계획의 수립·시행 등)

① 소방청장은 화재, 재난·재해, 그 밖의 위급한 상황으로부터 국민의 생명·신체 및 재산을 보호하기 위하여 소방업무에 관한 종합계획(이하 이 조에서 "종합계획"이라 한다)을 5년마다 수립·시행하여야 하고, 이에 필요한 재원을 확보하도록 노력하여야 한다.

② 종합계획에는 다음 각 호의 사항이 포함되어야 한다.
  1. 소방서비스의 질 향상을 위한 정책의 기본방향
  2. 소방업무에 필요한 체계의 구축, 소방기술의 연구·개발 및 보급
  3. 소방업무에 필요한 장비의 구비
  4. 소방전문인력 양성
  5. 소방업무에 필요한 기반조성
  6. 소방업무의 교육 및 홍보(제21조에 따른 소방자동차의 우선 통행 등에 관한 홍보를 포함한다)
  7. 그 밖에 소방업무의 효율적 수행을 위하여 필요한 사항으로서 대통령령으로 정하는 사항

③ 소방청장은 제1항에 따라 수립한 종합계획을 관계 중앙행정기관의 장, 시·도지사에게 통보하여야 한다.

④ 시·도지사는 관할 지역의 특성을 고려하여 종합계획의 시행에 필요한 세부계획(이하 이 조에서 "세부계획"이라 한다)을 매년 수립하여 소방청장에게 제출하여야 하며, 세부계획에 따른 소방업무를 성실히 수행하여야 한다.

⑤ 소방청장은 소방업무의 체계적 수행을 위하여 필요한 경우 제4항에 따라 시·도지사가 제출한 세부계획의 보완 또는 수정을 요청할 수 있다.

⑥ 그 밖에 종합계획 및 세부계획의 수립·시행에 필요한 사항은 대통령령으로 정한다.

소방기본법 시행령
제1조의2(소방업무에 관한 종합계획 및 세부계획의 수립·시행)
② 법 제6조 제2항 제7호에서 "대통령령으로 정하는 사항"이란 다음 각 호의 사항을 말한다.
  1. 재난·재해 환경 변화에 따른 소방업무에 필요한 대응 체계 마련
  2. 장애인, 노인, 임산부, 영유아 및 어린이 등 이동이 어려운 사람을 대상으로 한 소방활동에 필요한 조치

두문자 암기법 교·장·전·기 / 대·재·장

Point 04 소방용수시설의 설치 및 관리 등(소방기본법 시행규칙 제7조)

기본서 페이지 1권 P.48

내용 소방용수시설 및 지리조사(소방기본법 시행규칙 제7조)
소방대상물에 인접한 도로의 폭·교통상황, 도로주변의 토지의 고저·건축물의 개황 그 밖의 소방활동에 필요한 지리에 대한 조사

두문자 암기법 지·개·폭·고·교

Point 05 소방업무의 상호응원협정(소방기본법 제11조)

기본서 페이지 1권 P.49

내용 출동의 대상지역 및 규모와 필요한 경비의 부담 등에 관하여 필요한 사항은 행정안전부령이 정하는 바에 따라 이웃한 시·도지사와 협의하여 미리 규약으로 정한다.

두문자 암기법 대·경·규

Point 06 소방업무의 상호응원협정(규칙 제8조)

기본서 페이지 1권 P.49

내용 1. 다음 각목의 소방활동에 관한 사항
  가. 화재의 경계·진압활동
  나. 구조·구급업무의 지원
  다. 화재조사활동
2. 응원출동대상지역 및 규모
3. 다음 각 목의 소요경비의 부담에 관한 사항
  가. 출동대원의 수당·식사 및 의복의 수선
  나. 소방장비 및 기구의 정비와 연료의 보급
  다. 그 밖의 경비
4. 응원출동의 요청방법
5. 응원출동훈련 및 평가

두문자 암기법 소·경·규·훈·요

Point 07 소방안전교육사(소방기본법 제17조의2)_소방안전교육사의 업무(법 제17조의2 제2항)

기본서 페이지 1권 P.64

내용 소방안전교육사는 소방안전교육의 기획·진행·분석·평가 및 교수업무를 수행한다.

두문자 암기법 기·진·분·평·교

Point 08 관계인의 소방활동(소방기본법 제20조)_관계인의 소방활동

기본서 페이지 1권 P.73

내용 관계인은 소방대상물에 화재, 재난·재해, 그 밖의 위급한 상황이 발생한 경우에는 소방대가 현장에 도착할 때까지 경보를 울리거나 대피를 유도하는 등의 방법으로 사람을 구출하는 조치 또는 불을 끄거나 불이 번지지 않도록 필요한 조치를 하여야 한다.

두문자 암기법 경·대·구·끄·번

Point 09 소방활동 종사명령(소방기본법 제24조)

기본서 페이지 1권 P.81

내용 화재, 재난·재해, 그 밖의 위급한 상황이 발생한 현장에서 소방활동을 위하여 필요할 때에는 그 관할구역에 사는 사람 또는 그 현장에 있는 사람으로 하여금 다음에 사항을 명할 수 있다.(법 제24조 제1항 전문)
㉠ 사람을 구출하는 일
㉡ 불을 끄거나 불이 번지지 아니하도록 하는 일을 하게 할 수 있다.

두문자 암기법 구·끄·번

Point 10 손실보상심의위원회의 인원(영 제13조)

기본서 페이지 1권 P.105

내용 소방기본법 시행령 제13조(손실보상심의위원회의 설치 및 구성)
② 보상위원회는 위원장 1명을 포함하여 5명 이상 7명 이하의 위원으로 구성한다.

두문자 암기법 샘·5·7·이

02 | 소방시설법

Point 01 소화기구(법 제2조 영 별표 1)

기본서 페이지 1권 P.125

내용 소화기, 간이소화용구(에어로졸식 소화용구, 투척용 소화용구, 소공간용 소화용구 및 소화약제 외의 것을 이용한 간이소화용구), 자동확산소화기

두문자 암기법 ① 소·간·자 ② 에·외·투·소

Point 02 자동소화장치(법 제2조 영 별표 1)

기본서 페이지 1권 P.125

내용 자동소화장치 : 주거용 주방자동소화장치, 상업용 주방자동소화장치, 캐비닛형 자동소화장치, 가스자동소화장치, 분말자동소화장치, 고체에어로졸자동소화장치

두문자 암기법 주·고·분·가·상·캐

Point 03 소화활동설비(법 제2조 영 별표 1)

기본서 페이지 1권 P.126

내용 소화활동설비는 화재를 진압하거나 인명구조활동을 위하여 사용하는 설비이다.
① 연소방지설비
② 연결송수관설비
③ 연결살수설비
④ 비상콘센트설비
⑤ 무선통신보조설비
⑥ 제연설비

두문자 암기법 3연상 무제

Point 04 건축허가 등의 동의 등(소방시설법 제7조)_동의대상물에서 제외할 수 있는 경우 (영 제7조 제2항)

기본서 페이지 1권 P.147

내용 소화기구, 자동소화장치, 누전경보기, 단독경보형감지기, 가스누설경보기, 피난구조설비(비상조명등은 제외)가 화재안전기준에 적합한 경우 그 특정소방대상물

두문자 암기법 소·누·피·동·가스·단

Point 05 관계인이 갖추어야 할 소방시설 종류-소화기구(시행령 별표 4)

기본서 페이지 1권 P.177

내용 소화설비-소화기구
① 연면적 $33m^2$ 이상(노유자시설은 투척용소화용구를 소화기수량의 1/2↑ 설치할 수 있다.)
② ①에 해당하지 않는 시설로서 가스시설, 발전시설 중 전기저장시설 및 문화재
③ 터널
④ 지하구

두문자 암기법 33·가·지·터·전

Point 06 관계인이 갖추어야 할 소방시설 종류-자동소화장치(시행령 별표 4)

기본서 페이지 1권 P.177

내용 소화설비-자동소화장치
① 주거용 주방자동소화장치 : 아파트등 오피스텔의 모든 층
② 상업용 주방자동소화장치 : 대규모점포에 입점해 있는 일반음식점, 집단급식소
③ 고체에어로졸자동소화장치, 캐비닛형 자동소화장치, 가스자동소화장치, 분말자동소화장치 : 화재안전기준에 정하는 장소

두문자 암기법 자주주 아 오 / 상주 대단 / 에캐 / 가분은 / 화재안전기준

Point 07 관계인이 갖추어야 할 소방시설 종류-옥내소화전설비(시행령 별표 4)

기본서 페이지 1권 P.177

내용 소화설비-옥내소화전설비

① 연면적 3천m²↑ (지하가 중 터널 X)이거나 지하층·무창층(축사 X) 또는 층수가 4층↑ 중 바 600m²↑ 층이 있는 것은 모든 층

② 지하가 중 터널로서 다음에 해당하는 터널
  1) 길이가 1천미터 이상인 터널
  2) 예상교통량, 경사도 등 터널의 특성을 고려하여 행정안전부령으로 정하는 터널
  3) 1)에 해당 X 근린생활시설, 판매시설등 연면적 1천5백m²↑이거나 지하층·무창층 또는 층수가 4층↑ 층 중 바 300m²↑ 층 있는 모든 층
  4) 차고 또는 주차장으로서 면적이 200m²↑ 인 것
  5) 1), 3)에 X 공장, 창고시설로 수량의 750배↑ 의 특수가연물

두문자 암기법 옥 3천 지무사유 / 1천 5백 지무사삼 / 터러 천 / 주차 200 / 특 750

→ 옥 3천원에 지금사유 / 1천5백에 지금사삼 / 털어서 천에 줘요 / 주차비 200이에요 / 특가로 750에 줄께요

Point 08 관계인이 갖추어야 할 소방시설 종류-스프링클러설비(시행령 별표 4)

기본서 페이지 1권 P.178

내용 소화설비-스프링클러설비(가스시설 또는 지하구는 X)

① 문화 및 집회시설(동·식물원 X), 종교시설(주요구조부가 목조 X), 운동시설(물놀이형 시설은 X)로서 모든 층
  1) 수용인원이 100명↑
  2) 영화상영관의 용도로 쓰이는 층의 바 지하층, 무창층인 경우에는 500m²↑, 그 밖의 층의 경우에는 1천m²↑
  3) 무대부가 지하층·무창층, 4층↑ 층 경우 무대부의 면적이 300m²↑
  4) 무대부가 3) 외의 층에 있는 경우 무대부의 면적이 500m²↑

② 판매시설, 운수시설 및 창고시설(물류터미널에 한정)로서 바 5천m²↑이거나 수용인원이 500명↑ 경우에는 모든 층

두문자 암기법 스문 100 / 영지무 500 / 그 외 1000 / 무지무사 300 / 그 외 500 / 스판 오

Point 09 관계인이 갖추어야 할 소방시설 종류-옥외소화전설비(시행령 별표 4)

기본서 페이지 1권 P.180

내용 소화설비-옥외소화전설비(아파트등, 가스시설, 지하구 또는 지하가 중 터널 X)

1) 지상 1층 및 2층의 바닥면적 합계 9천m²↑. 이 경우 연소우려가 있는 구조인 경우에는 이를 하나의 특정소방대상물로 본다.
2) 보물 또는 국보로 지정된 목조건축물
3) 1)에 X 공장 또는 창고시설로서 750배↑ 특수가연물

두문자 암기법 국보, 1, 2층 합 9천 특 750

Point 10 관계인이 갖추어야 할 소방시설 종류-간이스프링클러설비(시행령 별표 4)

기본서 페이지 1권 P.179

내용 소화설비-간이스프링클러설비

① 근린생활시설로 사용하는 부분의 바 합계가 1천m²↑ 모든 층
② 교육연구시설 내에 합숙소로서 연면적 100m²↑ 것

두문자 암기법 간스 / 근천 / 교합 백

Point 11 관계인이 갖추어야 할 소방시설 종류-비상조명등(시행령 별표 4)

기본서 페이지 1권 P.184

내용 피난구조설비-비상조명등(창고시설 중 창고 및 하역장, 위험물 저장 및 처리 시설 중 가스시설은 제외)

① 지하층을 포함 층수가 5층↑ 인 건축물로서 연면적 3천m²↑

두문자 암기법 비 좀 오삼

Point 12 관계인이 갖추어야 할 소방시설 종류-연결송수관설비(시행령 별표 4)

기본서 페이지 1권 P.185

내용 소활동설비-연결송수관설비

1) 층수가 5층 이상으로서 연면적 6천m²↑ 인 것
2) 1)에 해당하지 X 특정대상물로서 지하층을 포함하는 층수가 7층↑ 인 경우 모든 층

두문자 암기법 연·송·567

Point 13 관계인이 갖추어야 할 소방시설 종류-무선통신보조설비(시행령 별표 4)

기본서 페이지 1권 P.185

내용 소화활동설비-무선통신보조설비

1) 지하가(터널은 제외)로서 연면적 1천m² ↑ 인 것
2) 지하층의 바의 합계가 3천m² ↑ 인 것 또는 지하층의 층수가 3층 ↑ 이고 지하층의 바의 합계가 1천m² ↑ 인 것은 지하층의 모든 층
3) 지하가 중 터널로서 길이가 500m ↑ 인 것
4) 공동구
5) 층수가 30층 ↑ 인 것으로서 16층 ↑ 부분의 모든 층

두문자 암기법 바3천, 3바천, 3016

Point 14 관계인이 갖추어야 할 소방시설 종류(시행령 별표 4)

기본서 페이지 1권 P.186

내용 옥내소화전설비, 자동화재탐지설비, 연결송수관설비-터널 길이 1,000m

두문자 암기법 옥내자탐연송-터널천

Point 15 관계인이 갖추어야 할 소방시설 종류(시행령 별표 4)

기본서 페이지 1권 P.186

내용 무선통신보조설비, 스프링클러설비, 제연설비, 자동화재탐지설비는 지하가로서 연면적 1,000m² 이상

두문자 암기법 무·스·제·자·탐·천·지

Point 16 관계인이 갖추어야 할 소방시설 종류(시행령 별표 4)

기본서 페이지 1권 P.186

내용 사람 수에 따른 설치 소화설비 100명 이상
스프링클러설비, 자동화재탐지설비, 제연설비, 휴대용비상조명등

두문자 암기법 수백인s 자탐제휴

Point 17 관계인이 갖추어야 할 소방시설 종류(시행령 별표 4)

기본서 페이지 1권 P.186

내용 비상경보설비, 비상조명등, 비상콘센트설비, 무선통신보조설비-터널 500m

두문자 암기법 비통 터널 500 (비방 X, 휴비 X)

Point 18 성능위주 설계를 하여야 하는 특정소방대상물의 범위(영 제9조)

기본서 페이지 1권 P.155

내용 대통령령으로 정하는 특정소방대상물 다음 각 호의 어느 하나에 해당하는 특정소방대상물(신축하는 것만 해당)

① 연면적 20만제곱미터 이상인 특정소방대상물. 다만, 별표 2에 따른 아파트등은 제외한다.
② 50층 이상(지하층은 제외한다)이거나 지상으로부터 높이가 200미터 이상인 아파트등
③ 30층 이상(지하층을 포함한다)이거나 지상으로부터 높이가 120미터 이상인 특정소방대상물(아파트등은 제외한다)
④ 연면적 3만제곱미터 이상인 특정소방대상물로서 다음 각 목의 어느 하나에 해당하는 특정소방대상물
  ㉠ 철도 및 도시철도 시설
  ㉡ 공항시설
⑤ 창고시설 중 연면적 10만제곱미터 이상인 것 또는 지하층의 층수가 2개 층 이상이고 지하층의 바닥면적의 합계가 3만제곱미터 이상인 것
⑥ 하나의 건축물에 영화상영관이 10개 이상인 특정소방대상물
⑦ 지하연계 복합건축물에 해당하는 특정소방대상물
⑧ 터널 중 수저터널 또는 길이가 5천미터 이상인 것

두문자 암기법 성 20만 있는 아파트 X

오지제 2백만 원 아파트 O

삼지포 120만 원 아파트 X

삼철공 / 영심(십)이 / 지하~수 또 5천 / 십이지이 창자 합 3만

Point 19 인화성 물품을 취급하는 작업 등 대통령령으로 정하는 작업(영 제18조 1항)

기본서 페이지 1권 P.195

내용 "인화성 물품을 취급하는 작업 등 대통령령으로 정하는 작업"이란 다음 각 호의 어느 하나에 해당하는 것을 말한다. (영 제18조 제1항)

㉠ **인**화성·가연성·폭발성 물질을 취급 또는 가연성가스를 발생 작업
㉡ **용**접·용단 등 불꽃을 발생시키거나 화기를 취급하는 작업
㉢ **전**열기구, 가열전선 등 열을 발생시키는 기구를 취급하는 작업
㉣ 알루미늄, 마그네슘 등 폭발성 **부**유분진을 발생시킬 수 있는 작업
㉤ 그 밖에 ㉠부터 ㉣까지에 준하는 작업으로 소방청장이 정하여 고시하는 작업

두문자 암기법 인·용·전·부

Point 20 임시소방시설의 종류(시행령 별표 8)

기본서 페이지 1권 P.195

내용 임시소방시설의 종류와 설치기준 등 (시행령 별표8)

가. **소**화기
나. **간**이소화장치 : 물을 방사(□□)하여 화재를 진화할 수 있는 장치로서 소방청장이 정하는 성능을 갖추고 있을 것
다. **비**상경보장치 : 화재가 발생한 경우 주변에 있는 작업자에게 화재사실을 알릴 수 있는 장치로서 소방청장이 정하는 성능을 갖추고 있을 것
라. **가**스누설경보기 : 가연성 가스가 누설되거나 발생된 경우 이를 탐지하여 경보하는 장치로서 법 제37조에 따른 형식승인 및 제품검사를 받은 것
마. **간**이피난유도선 : 화재가 발생한 경우 피난구 방향을 안내할 수 있는 장치로서 소방청장이 정하는 성능을 갖추고 있을 것
바. **비**상조명등 : 화재가 발생한 경우 안전하고 원활한 피난활동을 할 수 있도록 자동 점등되는 조명장치로서 소방청장이 정하는 성능을 갖추고 있을 것
사. **방**화포 : 용접·용단 등의 작업 시 발생하는 불티로부터 가연물이 점화되는 것을 방지해주는 천 또는 불연성 물품으로서 소방청장이 정하는 성능을 갖추고 있을 것

두문자 암기법 소·간·비·간 / 가·비·방

Point 21 소방시설기준 적용의 특례(소방시설법 제13조)

기본서 페이지 1권 P.188

내용 변경으로 강화된 기준을 적용하는 경우

① 소방시설 중 대통령령 또는 화재안전기준으로 정하는 것 (법 제13조 제1항 제1호)
  소화기구·비상**경**보설비·자동화재**탐**지설비·자동화재**속**보설비 및 **피**난구조설비
② 대통령령으로 정하는 것(영 제13조)
  ㉠ **공**동구에 설치하는 **소**화기, **자**동소화장치, 자동화재**탐**지설비, **통**합감시시설, **유**도등 및 연소**방**지설비
  ㉡ 전력 및 통신사업용 **지**하구에 설치하는 소화기, 자동소화장치, 자동화재탐지 설비, 통합감시시설, 유도등 및 연소방지 설비
  ㉢ **노**유자시설에 설치하는 **간**이스프링클러설비, 자동화재**탐**지설비 및 **단**독경보형감지기
  ㉣ **의**료시설에 설치하는 **스**프링클러설비, **간**이스프링클러설비, **자**동화재**탐**지설비 및 자동화재**속**보설비

두문자 암기법 소경피 속탐 / 공지-자유통방탐 / 노 간스자탐단 / 의 스간스자탐속

Point 22 소방시설 설치적용 예외(법 제13조 제4항)

기본서 페이지 1권 P.193

내용 소방시설 설치적용 예외

다음 각호의 어느 하나에 해당하는 특정소방대상물 가운데 대통령령으로 정하는 특정소방대상물에는 대통령령으로 정하는 소방시설을 설치하지 아니할 수 있다.(법 제11조 제4항)

① 화재 위험도가 **낮**은 특정소방대상물
② 화재안전기준을 적용하기 **어**려운 특정소방대상물
③ 화재안전기준을 다르게 적용해야 하는 **특**수한 용도, 구조의 특정소방대상물
④ **자**체소방대가 설치된 특정소방대상물

두문자 암기법 낮어특자

Point 23 소방시설설치 적용의 예외 (영 별표6)

기본서 페이지 1권 P.193

내용 소방시설을 설치하지 아니할 수 있는 특정소방대상물 및 소방시설의 범위(시행령 별표7)

① **펄**프공장의 작업장, 음료수 공장의 세정 또는 충전을 하는 작업장. 그 밖에 비슷한 용도
  → **스**프링클러설비, **상**수도소화용수설비, **연**결살수설비
② **정**수장, 수영장, 목욕장, 어류양식용시설, 그 밖에 이와 비슷한 용도
  → **자**동화재탐지설비, **상**수도소화용수설비, **연**결살수설비

두문자 암기법 펄·스·상·연 / 정·자·상·연

Point 24 중앙소방기술심의위원회의 심의 사항(법 제18조 제1항)

기본서 페이지 1권 P.200

내용 다음 각호의 사항을 심의하기 위하여 소방청에 중앙소방기술심의위원회를 둔다. (법 제18조 제1항)

㉠ 화재안전기준에 관한 사항
㉡ 소방시설의 구조 및 원리 등에서 공법이 특수한 설계 및 시공에 관한 사항
㉢ 소방시설의 설계 및 공사감리의 방법에 관한 사항
㉣ 소방시설공사의 하자를 판단하는 기준에 관한 사항
㉤ 그 밖에 소방기술 등에 관하여 대통령령으로 정하는 사항

중앙소방기술심의위원회(영 제20조 제1항)
 1. 연면적 10만 제곱미터 이상의 특정소방대상물에 설치된 소방시설의 설계·시공·감리의 하자 유무에 관한 사항
 2. 새로운 소방시설과 소방용품 등의 도입 여부에 관한 사항
 3. 그 밖에 소방기술과 관련하여 소방청장이 심의에 부치는 사항

두문자 암기법 기특방 소방청장 10새

Point 25 소방대상물의 방염(시행령 제31조)

기본서 페이지 1권 P.207

내용 방염대상물품(영 제31조)

① 제조 또는 가공 공정에서 방염 처리하여야 하는 방염대상물품
 ㉠ 창문에 설치하는 커튼류(블라인드를 포함한다.)
 ㉡ 카펫
 ㉢ 벽지류(두께가 2밀리미터 미만인 종이벽지는 제외한다.)
 ㉣ 전시용 합판·목재 또는 섬유판, 무대용 합판·목재 또는 섬유판(합판·목재류의 경우 불가피하게 설치 현장에서 방염처리한 것을 포함한다.)
 ㉤ 암막·무대막(영화상영관에 설치하는 스크린과 가상체험 체육시설업에 설치하는 스크린을 포함한다.)
 ㉥ 섬유류 또는 합성수지류 등을 원료로 하여 제작된 소파·의자(단란주점영업, 유흥주점영업 및 노래연습장업의 영업장에 설치하는 것으로 한정한다.)

두문자 암기법 막판스커트지
→ 암막, 무대막 / 합판 / 스크린 / 커튼 / 카펫(카페트) / 벽지

Point 26 소방시설관리업의 등록증·등록수첩의 반납(규칙 제32조)

기본서 페이지 1권 P.253

내용 소방시설관리업의 등록증·등록수첩의 재발급 및 반납(시행규칙 제32조)

④ 관리업자는 다음 각 호의 어느 하나에 해당하는 때에는 지체 없이 시·도지사에게 그 소방 시설관리업등록증 및 등록수첩을 반납하여야 한다.
 1) 등록이 취소된 때
 2) 소방시설관리업을 폐업한 때
 3) 재교부를 받은 때. 다만, 등록증 또는 등록수첩을 잃어버리고 재교부를 받은 경우에는 이를 다시 찾은 때에 한한다.

두문자 암기법 재·취·폐 → 업자가 시·도지사에게

Point 27 등록사항의 변경신고 사항(규칙 제33조)

기본서 페이지 1권 P.254

내용 등록사항의 변경신고 (법 제31조)
관리업자는 등록한 사항 중 행정안전부령으로 정하는 중요 사항이 변경되었을 때에는 행정안전부령으로 정하는 바에 따라 시·도지사에게 변경사항을 신고 하여야 한다.

행정안전부령이 정하는 중요사항(규칙 제33조)
 1) 명칭·상호· 또는 영업소소재지
 2) 대표자
 3) 기술인력

두문자 암기법 중·소·명·상·대·기

Point 28 관리업자가 관계인에게 지체없이 알려야하는 경우(소방시설법 제33조)

기본서 페이지 1권 P.263

내용 소방시설관리업의 운영(법 제33조)
① 관리업자는 관리업의 등록증 또는 등록수첩을 다른 자에게 빌려주어서는 아니 된다.
② 관리업자는 관리업의 등록증이나 등록수첩을 다른 자에게 빌려주거나 빌려서는 아니 되며, 이를 알선하여서도 아니 된다.
③ 관리업자는 다음 각 호의 어느 하나에 해당하는 경우에는 소방안전관리업무를 대행하게 하거나 소방시설등의 점검업무를 수행하게 한 특정소방대상물의 관계인에게 지체 없이 그 사실을 알려야 한다.
  1) 관리업자의 지위를 승계한 때
  2) 관리업의 등록취소 또는 영업정지 처분을 받은 때
  3) 휴업 또는 폐업을 한 때

두문자 암기법 정·승·취·휴·폐 → 업자가 관계인에게

Point 29 청문(소방시설법 제49조)

기본서 페이지 1권 P.258

내용 제49조(청문)
소방청장 또는 시·도지사는 다음 각 호의 어느 하나에 해당하는 처분을 하려면 청문을 하여야 한다.
① 관리사 자격의 취소 및 정지
② 관리업의 등록취소 및 영업정지
③ 소방용품의 형식승인 취소 및 제품검사 중지
④ 성능인증의 취소
⑤ 우수품질인증의 취소
⑥ 전문기관의 지정취소 및 업무정지

두문자 암기법 관전정취 성용 우수취 제중

03 | 화재예방법

Point 01 기본계획의 내용(법 제4조의3 제3항)

기본서 페이지 2권 P.20

내용 기본계획의 내용(법 제4조 제3항)
① 화재예방정책의 기본목표 및 추진방향
② 화재의 예방과 안전관리를 위한 법령·제도의 마련 등 기반 조성
③ 화재의 예방과 안전관리를 위한 대국민 교육·홍보
④ 화재의 예방과 안전관리 관련 기술의 개발·보급
⑤ 화재의 예방과 안전관리 관련 전문인력의 육성·지원 및 관리
⑥ 화재의 예방과 안전관리 관련 산업의 국제경쟁력 향상
⑦ 그 밖에 대통령령으로 정하는 화재의 예방과 안전관리에 필요한 사항

시행령 제3조(기본계획의 내용)
법 제4조 제3항 제7호에서 "대통령령으로 정하는 화재의 예방과 안전관리에 필요한 사항"이란 다음 각 호의 사항을 말한다.
  1. 화재발생 현황
  2. 소방대상물의 환경 및 화재위험특성 변화 추세 등 화재예방정책의 여건 변화에 관한 사항
  3. 소방시설의 설치·관리 및 화재안전기준의 개선에 관한 사항
  4. 계절별·시기별·소방대상물별 화재예방대책의 추진 및 평가 등에 관한 사항
  5. 그 밖에 화재의 예방 및 안전관리와 관련하여 소방청장이 필요하다고 인정하는 사항

두문자 암기법 기·대·전·국 / 변·소·계(개)·발

Point 02 실태조사(화재예방법 제5조)

기본서 페이지 2권 P.22

내용 실태조사 항목(법 제5조 제1항)
① 소방대상물의 용도별·규모별 현황
② 소방대상물의 화재의 예방 및 안전관리 현황
③ 소방대상물의 소방시설등 설치·관리 현황
④ 그 밖에 기본계획 및 시행계획의 수립·시행을 위하여 필요한 사항

두문자 암기법 용규·시설·수시·방전

Point 03 화재안전조사(화재예방법 제7조)

기본서 페이지 2권 P.28

내용 화재안전조사의 방법·절차 등(법 제8조 제2항)

② 소방관서장은 화재안전조사를 실시하려는 경우 사전에 관계인에게 조사대상, 조사기간 및 조사사유 등을 우편, 전화, 전자메일 또는 문자전송 등을 통하여 통지하고 이를 대통령령으로 정하는 바에 따라 인터넷 홈페이지나 전산시스템 등을 통하여 공개하여야 한다.

두문자 암기법 대·사·기

Point 04 화재안전조사 결과에 따른 조치명령(화재예방법 제14조)

기본서 페이지 2권 P.36

내용 ① 명령권자는 소방관서장이다.(법 제14조 제1항)

② 명령시기는 화재안전조사 결과에 따른 소방대상물의 위치·구조·설비 또는 관리의 상황이 화재예방을 위하여 보완될 필요가 있거나 화재가 발생하면 인명 또는 재산의 피해가 클 것으로 예상되는 때이다(법 제14조 제1항).

두문자 암기법 위조·비리·보필 / 재명·피클

Point 05 옮긴 물건의 보관기간 및 보관기간 경과 후 처리 등(영 제17조 제1항 ~ 제3항)

기본서 페이지 2권 P.46

내용 보관하는 날부터 14일 공고 → 공고기간 종료일 다음 날부터 7일 보관 → 매각(폐기)

두문자 암기법 14 / 7 / 매각, 폐기

Point 06 특수가연물(시행령 별표 2)

기본서 페이지 2권 P.53

내용

품명	수량	품명		수량
목재가공품, 나무부스러기	10m³ 이상	면화류		200kg 이상
석탄·목탄류	10,000kg 이상	넝마 및 종이부스러기		1,000kg 이상
나무껍질 및 대팻밥	400kg 이상	볏짚류		1,000kg 이상
사류	1,000kg 이상			
가연성고체류	3,000kg 이상	고무류·플라스틱류	발포된 것	20m³ 이상
가연성액체류	2m³ 이상		그 밖의 것	3,000kg 이상

두문자 암기법 벼·넝·사·천·사

Point 07 (시행령 별표3)_특수가연물의 저장 및 취급의 기준_표지판 설치

기본서 페이지 2권 P.55

내용 특수가연물을 저장 또는 취급하는 장소에는 품명, 최대저장수량, 단위부피당 질량 또는 단위체적당 질량, 관리책임자 성명·직책, 연락처 및 화기취급의 금지표시가 포함된 특수가연물 표지를 설치해야 한다. (영 별표3)

두문자 암기법 화·품·최·대·금·지 / 성직처 체질 부질

Point 08 화재안전취약자 지원 대상자(영 제24조 제1항)

기본서 페이지 2권 P.65

내용 화재안전취약자 지원 대상자(영 제24조 제1항)

㉠ 「국민기초생활보장법」에 따른 수급자

㉡ 「장애인복지법」에 따른 중증장애인

㉢ 「한부모가족지원법」에 따른 지원 대상자

㉣ 「노인복지법」에 따른 홀로 사는 노인

㉤ 「다문화가족지원법」에 따른 다문화가족의 구성원

㉥ 그 밖에 화재안전에 취약하다고 소방관서장이 인정하는 사람

두문자 암기법 약자·대상·급증한·홀로 사는 노인·다·인정

Point 09 소방안전관리보조자(시행령 별표5)

기본서 페이지 2권 P.72

내용 소방안전관리보조자를 두어야 하는 선임대상물, 선임자격 및 선임인원

① 「건축법 시행령」에 따른 아파트 중 300세대 이상인 아파트
② 연면적이 1만 5천제곱미터 이상인 특정소방대상물(아파트 및 연립주택은 제외한다.)
③ ① 및 ②에 따른 특정소방대상물을 제외한 특정소방대상물 중 다음의 어느 하나에 해당하는 특정소방대상물
  ㉠ 공동주택 중 기숙사
  ㉡ 의료시설
  ㉢ 노유자 시설
  ㉣ 수련시설
  ㉤ 숙박시설(숙박시설로 사용되는 바닥면적의 합계가 1천500제곱미터 미만이고 관계인이 24시간 상시 근무하고 있는 숙박시설은 제외한다.)

두문자 암기법 1만 5천 아 기 공 노 의수숙

Point 10 특정소방대상물의 근무자 및 거주자에 대한 소방훈련 등(화재예방법 제37조)

기본서 페이지 2권 P.119

내용 훈련 등 내용(법 제37조 제1항)

① 소화·통보·피난 등의 훈련
② 소방안전관리에 필요한 교육
③ 피난훈련은 그 소방대상물에 출입하는 사람을 안전한 장소로 대피시키고 유도하는 훈련

두문자 암기법 소·통·피

04 | 소방시설공사업법

Point 01 방염처리업(시행령 별표1)

기본서 페이지 2권 P.185

내용

항목 업종별	실험실	방염처리시설 및 시험기기	영업범위
섬유류 방염업	1개 이상 갖출 것	부표에 따른 섬유류 방염업의 방염처리시설 및 시험기기를 모두 갖추어야 한다.	커튼·카펫 등 섬유류를 주된 원료로 하는 방염대상물품을 제조 또는 가공 공정에서 방염처리
합성수지류 방염업		부표에 따른 합성수지류 방염업의 방염처리시설 및 시험기기를 모두 갖추어야 한다.	합성수지류를 주된 원료로 하는 방염대상물품을 제조 또는 가공 공정에서 방염처리
합판· 목재류 방염업		부표에 따른 합판·목재류 방염업의 방염처리시설 및 시험기기를 모두 갖추어야 한다.	합판 또는 목재류를 제조·가공 공정 또는 설치 현장에서 방염처리

두문자 암기법 합·합·섬

Point 02 등록사항의 변경신고 사항(소방시설공사업법 규칙 제5조)

기본서 페이지 2권 P.190

내용 제5조(등록사항의 변경신고사항) 법 제6조에서 "행정안전부령으로 정하는 중요 사항"이란 다음 각 호의 어느 하나에 해당하는 사항을 말한다.

1. 상호(명칭) 또는 영업소 소재지
2. 대표자
3. 기술인

두문자 암기법 중·소·명·상·대·기

Point 03 관계인에게 지체 없이 알려야 하는 사실들(소방시설공사업법 제8조)

기본서 페이지 2권 P.199

내용 ③ 소방시설업자는 다음 각 호의 어느 하나에 해당하는 경우에는 소방시설공사등을 맡긴 특정소방대상물의 관계인에게 지체 없이 그 사실을 알려야 한다.
1. 제7조에 따라 소방시설업자의 지위를 승계한 경우
2. 제9조 제1항에 따라 소방시설업의 등록취소처분 또는 영업정지처분을 받은 경우
3. 휴업하거나 폐업한 경우

두문자 암기법 정·승·취·휴·폐

Point 04 착공신고 예외 항목(소방시설공사업법 시행령 제4조)

기본서 페이지 2권 P.216

내용 제4조(소방시설공사의 착공신고 대상)
3. 특정소방대상물에 설치된 소방시설등을 구성하는 다음 각 목의 어느 하나에 해당하는 것의 전부 또는 일부를 개설(改設), 이전(移轉) 또는 정비(整備)하는 공사. 다만, 고장 또는 파손 등으로 인하여 작동시킬 수 없는 소방시설을 긴급히 교체하거나 보수하여야 하는 경우에는 신고하지 않을 수 있다.
   가. 수신반(受信盤)
   나. 소화펌프
   다. 동력(감시)제어반

두문자 암기법 수·소·동

Point 05 완공검사(소방시공사업법 제14조)_현장확인대상

기본서 페이지 2권 P.220

내용 (영 제5조)
대통령령으로 정하는 현장확인 대상 특정 소방대상물은 문화 및 집회시설, 종교시설, 판매시설, 노유자시설, 수련시설, 운동시설, 숙박시설, 창고시설, 지하상가, 다중이용업소, 스프링클러설비등, 물분무등소화설비(호스릴소화설비 제외)가 설치되는 것, 연면적 1만m² 이상이거나 11층 이상인 특정소방대상물(아파트 제외), 지상에 노출된 가연성가스탱크의 저장용량 합계가 1천 톤 이상인 시설

두문자 암기법 연일만 가천 노지숙 문종수 판다 가 스프링, 무 호재 십일창 아제 운

Point 06 공사의 하자보수 등(소방시설공사업법 제15조)

기본서 페이지 2권 P.222

내용 하자보수 보증기간(영 제6조) 2년
→ 피난기구, 유도등, 유도표지, 비상경보설비, 비상조명등, 비상방송설비 및 무선통신보조설비

두문자 암기법 쌍·피·유·비·통

Point 07 감리(소방시설공사업법 제16조)

기본서 페이지 2권 P.224

내용 소방공사감리의 종류 및 대상(영 별표3)
상주공사감리 → 연 3만m² ↑ (아파트 제외) or 지하층 포함 16층 ↑ + 500세대 ↑ 아파트

두문자 암기법 상주3 지포 16 500

Point 08 공사감리자 지정대상 특정소방대상물의 범위 중 증설이 포함되지 않는 경우(소방시설공사업법 시행령 제10조)

기본서 페이지 2권 P.227

내용 소방시설공사업법 시행령
제10조(공사감리자 지정대상 특정소방대상물의 범위)
② 법 제17조 제1항 본문에서 "자동화재탐지설비, 옥내소화전설비 등 대통령령으로 정하는 소방시설을 시공할 때"란 다음 각 호의 어느 하나에 해당하는 소방시설을 시공할 때를 말한다.
1. 옥내소화전설비를 신설·개설 또는 증설할 때
2. 스프링클러설비등(캐비닛형 간이스프링클러설비는 제외한다)을 신설·개설하거나 방호·방수 구역을 증설할 때
3. 물분무등소화설비(호스릴 방식의 소화설비는 제외한다)를 신설·개설하거나 방호·방수 구역을 증설할 때
4. 옥외소화전설비를 신설·개설 또는 증설할 때
5. 자동화재탐지설비를 신설 또는 개설할 때
5의2. 비상방송설비를 신설 또는 개설할 때
6. 통합감시시설을 신설 또는 개설할 때
7. 소화용수설비를 신설 또는 개설할 때
8. 다음 각 목에 따른 소화활동설비에 대하여 각 목에 따른 시공을 할 때
   가. 제연설비를 신설·개설하거나 제연구역을 증설할 때
   나. 연결송수관설비를 신설 또는 개설할 때
   다. 연결살수설비를 신설·개설하거나 송수구역을 증설할 때

라. 비상콘센트설비를 신설·개설하거나 전용회로를 증설할 때
마. 무선통신보조설비를 신설 또는 개설할 때
바. 연소방지설비를 신설·개설하거나 살수구역을 증설할 때

두문자 암기법 감지 비방 자탐 통소송 소용 증 X

Point 09 도급계약의 해지(소방시설공사업법 제23조)

기본서 페이지 2권 P.264

내용 특정소방대상물의 관계인 또는 발주자는 해당 도급계약의 수급인이 다음 각 호의 어느 하나에 해당하는 경우에는 도급계약을 해지할 수 있다(법 제23조).
㉠ 소방시설업이 등록**취**소 되거나 영업**정**지된 경우
㉡ 소방시설업을 **휴**업하거나 **폐**업한 경우
㉢ **정**당한 사유 없이 **30일** 이상 소방시설공사를 계속하지 아니하는 경우
㉣ 하도급계약 내용의 변경 요구에 **정**당한 사유 없이 따르지 아니하는 경우

두문자 암기법 정취휴폐 + 30일 + 정

05 | 위험물안전관리법

Point 01 위험물을 제조 외의 목적으로 취급하기 위한 취급소의 구분(영 별표 3)

기본서 페이지 2권 P.342

내용 ① **이**송취급소는 배관 및 이에 부속된 설비에 의하여 위험물을 이송하는 장소이다.
② **주**유취급소는 고정된 주유설비에 의하여 자동차·항공기 또는 선박 등의 연료탱크에 직접 주유하기 위하여 위험물을 취급하는 장소이다.
③ **일**반취급소는 위 ①, ②, ④ 외의 장소이다.
④ **판**매취급소는 점포에서 위험물을 용기에 담아 판매하기 위하여 지정수량의 **40배** 이하의 위험물을 취급하는 장소이다.

두문자 암기법 이·주·일·판 40

Point 02 탱크안전성능검사(위험물안전관리법 제8조)

기본서 페이지 2권 P.380

내용 실시 대상은 위험물을 저장 또는 취급하는 탱크로서, 제조소 등의 설치 또는 그 위치·구조 또는 설비의 변경에 관하여 (영 제8조 제1항)
① **용**접부검사 : 옥외탱크저장소의 액체위험물탱크로 100만 리터 이상인 탱크
② **기**초·지반검사 : 옥외탱크저장소의 액체위험물탱크로 100만 리터 이상인 탱크
③ **충**수·수압검사 : 액체위험물을 저장 또는 취급하는 탱크
④ **암**반탱크검사 : 액체위험물을 저장 또는 취급하는 암반 내의 공간을 이용한 탱크

두문자 암기법 용·기·충·암

Point 03 예방규정(위험물안전관리법 제17조)

기본서 페이지 2권 P.487

내용 예방규정 작성대상(영 제15조)
① 지정수량의 10배 이상의 위험물을 취급하는 **제**조소
② 지정수량의 100배 이상의 위험물을 저장하는 옥**외**저장소
③ 지정수량의 150배 이상의 위험물을 저장하는 옥**내**저장소
④ 지정수량의 200배 이상의 위험물을 저장하는 옥외**탱**크저장소
⑤ **암**반**탱**크저장소
⑥ **이**송취급소

⑦ 지정수량의 10배 이상의 위험물을 취급하는 일반취급소 다만, 인화점이 40도 이상인 제4류 위험물만을 지정수량의 50배 이하로 취급하는 일반취급소로서 다음 각 목의 1에 해당하는 것을 제외한다. 1) 보일러·버너 또는 비슷한 것으로서 위험물을 소비하는 것 중 일반취급소(난방용) 2) 위험물을 용기에 다시 채워 넣는 일반취급소

두문자 암기법 10제 10취 100외 150내 200탱 암탱이

Point 04 자체소방대의 설치 제외(규칙 제73조)

기본서 페이지 2권 P.504

내용 자체소방대의 설치 제외(규칙 제73조) 제4류 위험물을 취급하는 제조소 또는 일반취급소 중

① 보일러, 버너 그 밖에 이와 유사한 장치로 위험물을 소비하는 일반취급소
② 이동저장탱크 그 밖에 이와 유사한 것에 위험물을 주입하는 일반취급소
③ 용기에 위험물을 채우는 일반취급소
④ 유압장치, 윤활유순환장치 그 밖에 유사한 장치로 위험물을 취급하는 일반취급소
⑤ 광산안전법의 적용을 받는 일반취급소

두문자 암기법 광용이 / 보유

Point 05 간이저장탱크(규칙 별표 9)

기본서 페이지 2권 P.434

내용 ※ 간이저장탱크의 밸브 없는 통기장치
① 통기관의 지름은 25mm 이상으로 할 것

두문자 암기법 간·통 25

Point 06 주유취급소(규칙 별표 13)

기본서 페이지 2권 P.441

내용 주유취급소의 고정주유설비의 주위에는 주유를 받으려는 자동차 등이 출입할 수 있도록 너비 15m 이상, 길이 6m 이상의 콘크리트 등으로 포장한 공지를 보유할 것

두문자 암기법 너 15 길 6 → 너으시오 끼룩끼룩

소방관계법규

김동준
합격노트

초판인쇄 2024년 07월 25일
초판발행 2024년 08월 01일

> 저자와
> 협의하에
> 인지는 생략함

저 자 김동준
발 행 인 박홍준
발 행 처 (주)두빛나래
등록번호 제 575-86-01526호

주 소 서울시 구로구 새말로 102, 2522호 (구로동, 신도림포스빌)
전 화 070-4090-1051
팩 스 070-4095-1051
교재문의 dubitbook.com

ISBN 979-11-90945-96-7 13350
정 가 19,000원

이 책의 무단 전재 또는 복제행위는 저작권법 제136조 제1항에 의해 5년 이하의 징역 또는 5,000만 원 이하의 벌금에 처하거나 이를 병과할 수 있습니다.
파본은 교환해 드립니다.